Margriet Dudok van Heel

Bach-Blüten für Hunde und Pferde

Margriet Dudok van Heel

Bach-Blüten für Pferde und Hunde

Aus dem Niederländischen von
Dorothea Müschenborn

LAREDO VERLAG D-83339 CHIEMING

Titel der Originalausgabe:
Bach-remedies voor honden en paarden

ISBN 90-6030-567-1
NUGI 749/734

LAREDO VERLAG
Sonnenstraße 1 D-83339 Chieming Germany
Fon 08664 - 10 01, Fax 08664 - 10 65
Erste Auflage 1999
Zweite Auflage 2002

Satz:
LAREDO VERLAG, D-83339 Chieming
Umschlagfoto:
Margiet Blaauwbroek
Druck:
freiburger graphische betriebe
Printed in Germany

ISBN 3-927518-33-6

INHALTSVERZEICHNIS

Vorwort

Bei meiner langjährigen Arbeit mit Tieren erstaunte es mich immer wieder, daß kleine Probleme oftmals verheerende Auswirkungen haben. Schon als Kind wurde ich durch meine ähnlich denkenden Eltern und Großeltern motiviert, eine Möglichkeit zu suchen, diese kleinen Probleme auch klein zu halten.

Die Bach-Blüten und die ätherischen Öle weisen einen solchen Weg. Neben dem richtigen Umgang mit dem betreffenden Tier kann diese Behandlungsweise manchen Dramen zuvorkommen.

Viele Bücher sind über Bach-Blüten geschrieben worden, doch ist die Literatur bezüglich dieser Therapieart für Tiere vernachlässigbar gering. Die vielen Probleme von Mitmenschen, deren Tieren ich helfen durfte, zusammen mit den Fragen meiner Kursteilnehmer führten dazu, daß ich meine Erkenntnisse und Erfahrungen zu Papier brachte, um so das Gebiet der Bach-Blüten und Tiere jedermann zugänglich zu machen.

Das Leben bleibt ein ständiger Lernprozeß und die Tiere und die Natur meine geduldigen Lehrmeister. So darf ich stets weiter von ihnen lernen. Es erschien mir richtig, die bisher erarbeiteten Erkenntnisse zu veröffentlichen, so daß Sie mich bei diesem wunderbaren Prozeß, Tieren und Pflanzen zu helfen, begleiten können.

Ich wünsche Ihnen viel Erfolg und auch viel Spaß auf Ihrem Lehrpfad und Erkundungszug!

BACH-BLÜTENTHERAPIE UND TIERE

Die Bach-Blütentherapie ist eine Heilmethode, die sich auf das zu behandelnde Tier in seiner Ganzheit bezieht. Die Bach-Blütenessenzen sind nicht auf bestimmte Symptome ausgerichtet und können auch nicht bestimmten Krankheiten zugeordnet werden.
Die 'Entdeckung' der großen Hilfe, die Mensch und Tier auf ihrer Suche nach Ausgeglichenheit und Gesundheit von den Bach-Blütenessenzen erhalten, geht auf die Überzeugung von Dr. Bach zurück, daß bei allen Krankheiten in erster Linie der Gemütszustand des Patienten und nicht seine Krankheit behandelt werden müsse. Dr. Bach strebte Heilung über das Wiederherstellen der Harmonie im Bewußtsein an. Ein gesunder Geist bilde die Grundlage für einen gesunden Körper. Dies ist für viele von uns ein Gedanke, der viel Wahres beinhaltet.
Leben und handeln wir denn auch danach? Oftmals nicht. Dr. Bach hingegen schon. Er ging, meiner Meinung nach ganz zu Recht, davon aus, daß Krankheiten entstehen, wenn das Gleichgewicht des Geistes oder das des Körpers oder auch das zwischen Geist und Körper gestört ist. Solch ein Ungleichgewicht bilde den Nährboden für Krankheiten.
Wir kennen alle Phasen, in denen wir viel bewältigen können, gute Resultate erzielen und uns in unserer Haut wohlfühlen; mit anderen Worten: Phasen, in denen wir im Gleichgewicht sind.
Den umgekehrten Fall spüren wir ebenso deutlich. Wir sind aus dem Gleichgewicht gekommen und fühlen uns in unserer Haut nicht wohl; unsere Arbeit, unser Verhalten und unser persönliches Wohlbefinden nehmen dann einen ganz anderen Stellenwert ein. Hält diese Phase des Ungleichgewichts länger an, so entstehen langsam, aber sicher Verkrampfungen, da – zwar unbewußt – nach einer Kompensation gesucht wird, z.B. in der Körperhaltung oder im Verhalten. Als Ergebnis dieser Verkrampfungen entstehen – langfristig – Krankheiten.

Viele alternative Heilmethoden beziehen sich auf physische Beschwerden, denen man vorbeugen oder die man heilen möchte. Obwohl die Bach-Blütenessenzen auf das Gemüt Einfluß nehmen und keine direkten physischen Auswirkungen haben, strebt man doch das gleiche Ziel an: den Körper zu heilen und gesund zu erhalten mittels eines gesunden Geistes. Die Gesundheit des Körpers ist also auch für die Bach-Blütentherapie wichtig.
In unserem Fall, der Anwendung der Bach-Blütenessenzen für Tiere, möchten wir natürlich zumindest dasselbe Ergebnis erreichen. Nicht zuletzt liegt unser Interesse bei einem physisch gesunden und lebensfrohen Tier.
Durch den regelmäßigen Umgang mit Tieren wissen wir, daß eine mentale Krankheit oder einfach nur ein Ungleichgewicht manchmal derartige Ausmaße annehmen kann, daß das Tier aus unserer Umgebung entfernt werden muß – wir wissen keinen anderen Rat mehr. In noch ernsteren Fällen sind wir sogar zur Euthanasie des Tieres gezwungen, da in unserer übervollen Welt für ein Tier mit krankhaften Verhaltensweisen kein Platz ist. Deshalb sind die Bach-Blütenessenzen für Tiere besonders wichtig.
Tiere sind wesentlich stärker und flexibler als Menschen. Selbst unter extrem schlechten Umständen (mentalen und/oder physischen) verstehen sie es erstaunlich gut, gesund zu bleiben und ihr inneres Gleichgewicht zu bewahren. Ihr Anpassungsvermögen, sowohl das der Art wie auch das des individuellen Tieres, ist sehr groß. Der Mensch kann es sich in seiner Unwissenheit sogar erlauben, sehr sorglos mit Tieren umzugehen, ohne daß diese ihn deswegen mit einer Krankheit 'bestrafen', selbst dann, wenn es ihnen an emotionalem und physischem Wohlergehen mangelt.
Ich möchte ausdrücklich erwähnen, daß diese Sorglosigkeit oftmals durch Unkenntnis und nicht durch Unwillen oder Desinteresse hervorgerufen wird. Unterziehen Sie sich der Mühe, mein Buch vollständig zu lesen, zeigt dies bereits, daß Ihnen das Wohlergehen von Tieren im allgemeinen, besonders aber das Ihres eigenen Tieres am Herzen liegt. Die Frage bleibt: Wie erreiche ich dieses Wohlergehen am besten?

Viele liebevolle Pferde- und Hundebesitzer werden mit Verhaltensweisen ihrer Tiere konfrontiert, die lange vor dem Zeitpunkt entstanden sind, da sie diese in Pflege nahmen. Die Ursachen der Probleme sind oft nicht mehr zu ermitteln, und damit wird das Verständnis für die Krankheit und deren Behandlung erschwert. In solchen Fällen können die Bach-Blütenessenzen eine großartige Hilfe darstellen.

Die Auswahl der geeigneten Bach-Blütenessenzen basiert zum Großteil auf der richtigen Einschätzung der betreffenden Person oder des betreffenden Tieres. Bei Menschen können wir uns mit einem Gespräch behelfen, in jedem Fall mit einer Personen- und Stimmungsanalyse, bei der Wortwahl und Ausdruck analysiert werden. Bei Tieren können wir nicht auf diese Möglichkeiten zurückgreifen, was ein ernstes Problem zu sein scheint.

Wie können Sie nun herausfinden, welchen Tier-Typus Sie vor sich haben und in welcher Stimmung sich das Tier befindet? Wie können Sie ermitteln, ob 'Angst vor dem Unbekanntem' oder 'Angst vor dem Bekannten' vorliegt? Woher wissen Sie, ob Sie es mit einem Water-Violet-Typus oder mit einem Oak-Typus zu tun haben? Ohne die Möglichkeit, Worte zu verwenden, scheinen dies recht schwierig zu beantwortende Fragen zu sein.

Die Tatsache, daß wir kein Gespräch führen können, schließt jedoch nicht die wortlose Kommunikation aus.

Suchen wir für Menschen die geeigneten Bach-Blütenessenzen, beziehen wir uns nicht nur auf deren Worte, sondern richten uns auch nach Informationen, die wir auf andere Weise gewinnen: Wir nehmen auch Körperhaltung, Augenaufschlag, Ausstrahlung und anderes wahr. Auf die gleiche Weise können wir auch für unser Tier die geeigneten Bach-Blütenessenzen auswählen. Dies erscheint vielleicht sehr kompliziert, es ist jedoch leichter, als man zunächst erwartet.

Dieses Buch ist nicht das geeignete Medium, um auf die Lehre der Hunde- oder Pferdesprache umfassend einzugehen. Ich möchte allerdings anhand vieler eindeutiger Beispiele zeigen, daß gerade diese 'Sprache' uns die Möglichkeit bietet, für unsere Tiere die geeignete(n) Bach-Blütenessenz(en) auszuwählen.

Selbstverständlich geht das nicht auf einmal oder von selbst. Aber anhand der vielen Beispiele und der Typenaufteilung wird der Benutzer des Buches in der Lage sein, für das betreffende Tier eine geeignete Bach-Blütenessenz auszuwählen. Lassen Sie sich nicht von Ihrer eigenen Unsicherheit zurückhalten. Die Bach-Blütenessenzen sind als Hilfsmittel für das Wohlergehen unserer Tiere zu kostbar, um nicht angewandt zu werden. Meine langjährigen praktischen Erfahrungen mit Tieren, sowie die meiner Kursteilnehmer zeigen deutlich, welch wertvolle, zudem in unmittelbarer Reichweite liegende Hilfsquellen die Bach-Blütenessenzen und die ätherischen Öle darstellen.

Die Wirkung der Bach-Blütenessenzen

In ganz groben Zügen können wir von einer Dreiteilung der zu behandelnden Gebiete und den dazu passenden Therapien ausgehen:

* der physische Körper: ihm wird am besten mit homöopathischen und phytotherapeutischen Arzneien geholfen. Diese Mittel, wie auch die ätherischen Öle der Aromatherapie, wirken auf den grobstofflichen Körper. Die ätherischen Öle haben eine Brückenfunktion, da sie auch sehr gut auf den feinstofflichen Körper wirken.
* der feinstoffliche Körper: die Emotionen, der Geist.
* der ätherische Körper: die Seele. Sie beeinflußt den Austausch von kosmischer Energie, wobei Blockaden auftreten können, die letztendlich zu körperlichen Problemen führen. Auf dieser Ebene können die Bach-Blütenessenzen bemerkenswerte Arbeit leisten. Schematisch kann man dies folgendermaßen darstellen:

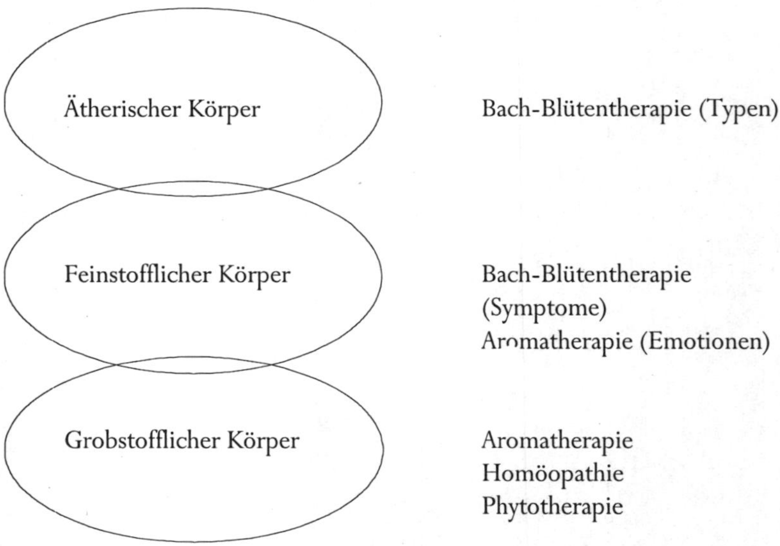

Im allgemeinen erkennen wir die Existenz von Problemen erst dann, wenn diese sich im physischen Körper manifestieren: wir werden krank oder bekommen Schmerzen. Obwohl uns eine breite Palette an Hilfsmitteln zur Verfügung steht, um diese Probleme zu lösen, ist Vorbeugung doch besser als Heilung.

Viel kann schon dadurch erreicht werden, daß im grobstofflichen Körper für Gleichgewicht gesorgt wird, durch genügend Bewegung, gute Ernährung, ausreichend Ruhe usw. Darüber hinaus versuchen wir ein solches Gleichgewicht auch im feinstofflichen Körper, d.h. in den Emotionen, zu erhalten.

Diesbezüglich können wir neben den Bach-Blüten auch von der Aromatherapie, die ich in einem weiteren Buch ausführlich beschreiben möchte, Nutzen für Hunde und Pferde ziehen.

Um die Wirkung der Bach-Blütenessenzen noch besser verstehen zu können, gehen wir eine Stufe höher, zum ätherischen Körper. Die Bach-Blütenessenzen arbeiten mit Hilfe von Schwingungen, die wir weder sehen noch in anderer Weise objektiv wahrnehmen können. Über ihre Existenz besteht jedoch kein Zweifel: Fernsehbilder und Radioberichte werden ebenfalls über Schwingungswellen übertragen, die wir weder sehen, fühlen noch riechen können, und doch bilden sie für uns bestimmte Bilder oder Geräusche.

So können wir uns vorstellen, daß jede Bach-Blütenessenz eine bestimmte Schwingung besitzt. Dr. Bach konnte durch seine besondere Feinfühligkeit diese Schwingungen wahrnehmen, aus denen wir nun dankbar Hilfe erhalten. Die 38 Essenzen, die er herstellte, besitzen alle ihre eigene Schwingungsfrequenz. Man kann einen Kreis in 38 Segmente unterteilen und erhält so für jede der 38 Essenzen ein Segment und eine Schwingungsfrequenz, welche mit der betreffenden Blüte korrespondiert.

Bemerken wir in einem solchen Segment das Entstehen einer Blockade, so ist damit eine potentielle Störung identifiziert. Es kann weder die kosmische Energie in dieses blockierte Segment einfließen, noch kann die verbrauchte Energie abfließen. Auch dieser Weg ist blockiert.

Die Blockade an sich erzeugt bereits ein Ungleichgewicht. Zusätzlich wird in benachbarten Segmenten der Energiefluß gestört.
Solange eine derartige Blockade zeitlich beschränkt bleibt, kommt es nicht zu bleibenden Schäden. Jedes gesunde Wesen ist in der Lage, ein solches zeitlich begrenztes Ungleichgewicht aus eigener Kraft zu überwinden. Handelt es sich jedoch um eine lang anhaltende Blockade, so entsteht der Schaden zuerst im ätherischen Körper. Wir verlieren den Bezug zu uns selbst und zur Gemeinschaft. Wir werden in ernstem Maße egoistisch, sehen nicht mehr die Zusammenhänge, in denen wir leben, und betrachten die Dinge wie mit Scheuklappen, wodurch wir unsere Lebensfreude verlieren.
Dies hat ein Ungleichgewicht im feinstofflichen Körper zur Folge. Man ist nicht mehr in der Lage, große Lebenszusammenhänge zu unterscheiden und kann nur noch kleine Teile der kosmischen Kraft genießen, so daß viel Arbeit vom Körper selbst geleistet werden muß. Das ist nicht nur für den feinstofflichen Körper eine große Belastung, sondern hat auch in kürzester Zeit Einfluß auf das Grobstoffliche und .... wir werden krank!
Damit kommen wir wieder zurück zu Dr. Bachs Gedanken, wonach ein gesunder Geist in einem gesunden Körper wohnt.

Kranksein ist gesund

Es ist natürlich nicht so, daß wir nie krank werden, wenn wir immer im Gleichgewicht bleiben. In der Natur verläuft alles in Wellenbewegungen: Ebbe und Flut, Berge und Täler, Geburt und Tod, Aufbau und Abbau ...., all dies sind normale Lebenszyklen. Setzen wir den Gedankengang fort, so müssen wir folgern, daß Kranksein einfach gesund ist. Ab und zu dürfen wir ruhig an die Begrenztheit unseres grobstofflichen Körpers erinnert werden. Etwas in uns darf schon mal auf die Bremse treten, wenn wir zu sorglos mit uns selbst umgehen und uns eine kurzfristige Grippe oder eine andere Unannehmlichkeit zur Ordnung ruft. Das ist völlig normal. Der Körper muß in der Lage sein, das Gleichgewicht zwischen den drei Ebenen (physischer Körper, geistiger Körper und ätherischer Körper) in angemessener Zeit wieder herzustellen.

Gelingt ihm dies nicht, so ist es an der Zeit, einzugreifen und ihm zu Hilfe zu kommen. Nicht um die Krankheit zu eliminieren, sondern um dem Körper zu helfen, sein Gleichgewicht wiederherzustellen, so daß er selbst die Krankheit besiegen kann.
Wir können uns also auf zwei Arten dem Zustand der Gesundheit nähern:

* *Vorbeugend* aus dem ätherischen Körper, von den unteren Niveaus her arbeitend, das Gleichgewicht auf allen drei Ebenen haltend. Dies bedeutet konkret, daß man an den Stellen des ätherischen oder geistigen Körpers, an denen man ein Ungleichgewicht vermutet versucht, dieses mittels Bach-Blütenessenzen und ätherischen Ölen wieder ins Gleichgewicht zu bringen.
* *Unterstützend/wiederherstellend* indem wir versuchen, das Gleichgewicht auf allen drei Ebenen wieder zu erlangen, wenn sich Krankheiten oder körperliche Beschwerden manifestieren. Dadurch unterstützen wir den Körper, so gut es geht dabei, die Erkrankung mit Hilfe des neu gewonnenen Gleichgewichtes zu überwinden.

TYPEN-BLÜTENEESSENZEN UND SYMPTOM-BLÜTENESSENZEN

Im vorigen Kapitel sahen wir, daß wir mit den Bach-Blütenessenzen auf den feinstofflichen (emotionalen) und auf den ätherischen (seelischen) Körper einwirken können. Ob wir mit Symptom- oder Typen- Blütenessenzen arbeiten, hängt von diesen beiden Ebenen ab.

Ein Beispiel: Jemand kann von Natur aus einen tüchtigen, lebhaften und tatkräftigen Charakter haben (Oak-Typus), sich aber umständehalber vorübergehend sehr apathisch und wenig tatkräftig fühlen (Hornbeam). In einem solchen Fall können wir helfen, indem wir zeitweilig Hornbeam verschreiben, da der Zustand symptomatisch und nicht anlagebedingt ist. Haben wir es jedoch mit jemandem zu tun, der vom Typus her apathisch ist und Dinge gern auf morgen verschiebt, weil sie dann möglicherweise einfacher zu regeln sind, dann wird Hornbeam als typenspezifische Blütenessenz verordnet.

Dasselbe gilt für alle 38 Bach-Blütenessenzen, von denen jede einzelne ihre eigene Schwingungsfrequenz hat. Je nachdem, ob es sich um ein strukturelles Problem oder um eine vorübergehende Störung handelt, wird es erforderlich, typen- oder symptombezogen Blütenessenzen zu verabreichen.

Bach-Blütenessenzen setzen wir bei Tieren eher ein, wenn es darum geht, ein strukturelles Problem zu lösen, als mit der Absicht, das Tier von einer bestimmten Stimmung abzubringen. Wir arbeiten also im allgemeinen mit Typen-Blütenessenzen und müssen deshalb so genau wie möglich bestimmen können, was für ein Typus das betreffende Tier ist. Das wird für einige Leser sicherlich klar und einfach klingen, für andere wird es jedoch eine vermeintlich nicht zu bewältigende Aufgabe darstellen.

Eine bessere Vorstellung bekommen wir, wenn wir zuerst die Menschen betrachten, um zu erkennen, durch welche Eigenschaften die verschiedenen Typen zu charakterisieren sind. Diese Referenz ist für uns einfacher zu verstehen und erleichtert uns die Übertragung auf das Tier.

DIE 38 CHARAKTERTYPEN FÜR MENSCHEN

Agrimony

Ein aufgeweckter, fröhlicher Typus, der Sorgen und quälende Gedanken so lange wie möglich beiseite schiebt. Er verträgt überhaupt keinen Streit, Lärm wird schnell als störend empfunden. Alles muß friedlich und fröhlich sein. Immer zeigt er einen aufgeschlossenen Gesichtsausdruck und bemüht sich darum, anderen nicht mit Sorgen lästig zu fallen, da dies die allgemeine Stimmung negativ beeinflussen könnte. Spräche man über Probleme, könnte schnell eine traurige und bedrückte Stimmung entstehen, wohingegen sich der Agrimony-Mensch grundsätzlich um eine Atmosphäre der Harmonie bemüht.

Aspen

Der Aspentypus empfindet das Leben als eine mühevolle Angelegenheit. Überall lauern Probleme, wobei er sich stets die Frage stellt, ob diese überhaupt zu lösen sind. Das Leben ist eine angstbesetzte Sache. Man ist stets auf der Hut, da sich hinter allem eine Gefahr verbergen könnte.

Beech

Ein etwas sarkastischer und teilweise intoleranter Typus, der stets dazu neigt, 'auf all die dummen Menschen' herabzuschauen – und dem Beech-Typus zufolge gibt es viele davon. Er ist meist überzeugt, im Recht zu sein, und läßt anderen Meinungen wenig Raum.

Centaury

Ein friedvoller und edelmütiger Mensch, der sich leicht in Knechtschaft begibt, die manchmal einer Versklavung ähneln kann. Er ist nicht besonders gut in der Lage, für sich selbst zu sorgen, da er sich mehr um das Wohlergehen anderer kümmert als um sein eigenes, wodurch er seine eigene Lebensaufgabe oft vernachlässigt.

Cerato

Dieser Typus hat Mühe, seinen eigenen Wert zu erkennen. Es fällt ihm schwer, an sein intuitives Wissen zu glauben, und stets sucht er bei anderen Rat.

Cherry Plum

Diese Blütenessenz wird nicht oder nur selten als Typen-Blütenessenz verwendet. Sie wirkt vor allem bei extremen psychischen Spannungen, die zu der Angst führen können, die Kontrolle über das eigene Handeln zu verlieren.

Chestnut Bud

Das Leben dieser Menschen ist von großer Eile geprägt. Sie möchten stets mit etwas Neuem beginnen und vergessen darüber, die vorherigen Erfahrungen in ihr Leben zu integrieren, wodurch sie immer dieselben Fehler wiederholen. Diese Menschen lernen nicht aus ihren Fehlern.

Chicory

Hier handelt es sich um eine Blütenessenz für Menschen, die andere schwer loslassen können. Der Chicory-Typus ist besitzergreifend und verlangt viel Aufmerksamkeit von seinen Mitmenschen, wenn nötig auch in negativer Form.

Clematis

Dieser Typus ist träumerisch, geistig oft nur halb anwesend und nicht auf das 'Hier und Jetzt' bezogen. Es handelt sich um sehr kreative Menschen die sich in ihrer Kreativität vollkommen verlieren können.

Crab Apple

Menschen mit diesem Charakter haben ein übertriebenes Bedürfnis nach Ordnung und Sauberkeit, wichtig ist ihnen vor allem die Hygiene. Es sind dies Personen, die ausgiebig putzen und aufräumen und die sich vor allem ekeln, was schmutzig ist – so auch vor Krankheiten.

Elm

Ruhige, solide Menschen mit viel Vertrauen in sich selbst und ins Leben. Sie sind für ihre Lebensaufgabe gut gerüstet und sind sich dessen durchaus bewußt. Bei einer zeitweiligen Erschöpfung durch zu starke Belastung kann die Elm-Blütenessenz Hilfe leisten. Die Elm-Blütenessenz wird regelmäßig bei vorübergehenden Störungen eingesetzt.

Gentian

Der Gentian-Typus ist schnell entmutigt und sieht in Maulwurfshügeln unüberwindbare Berge. Widerfährt ihm ein Mißgeschick, verliert er rasch seine Motivation und bei Rückschlägen geht ihm sehr leicht das Ziel verloren.

Gorse

Der Gorse-Typus ist erkennbar 'negativ' veranlagt. Er ist melancholisch und sieht für die Zukunft kaum Perspektiven. Auch neigt er dazu, die Schultern hängen zu lassen und sich in gekrümmter Haltung zu präsentieren.

Heather

Eine angenehme Klatschbase, die manchmal zuviel erzählt. Menschen dieses Typs widmen sich selbst viel Aufmerksamkeit und haben wenig Verständnis für andere.

Holly

Ein argwöhnischer Typus, der oft von Haß-, Neid- und Eifersuchtsgefühlen heimgesucht wird. Dies beeinträchtigt die Fähigkeit zur Liebe, die auch er in sich trägt.

Honeysuckle

Ein Typus, dem es schwer fällt, im 'Hier und Jetzt' zu leben, und der stark von der Vergangenheit bestimmt wird. Dabei spielt es keine Rolle, ob er sich vergangene Zeiten zurückwünscht, oder ob das, was ihn so beschäftigt, ein nicht verarbeitetes Erlebnis ist.

Hornbeam

Meistens schafft es dieser Typus, die von ihm erwartete Tagesarbeit zu erledigen, doch kostet ihn das viel Mühe. Für ihn ist das Leben sehr schwer. Wie schön wäre es, denkt er, wenn man verschiedene Aufgaben auf morgen oder, besser noch, auf übermorgen verschieben könnte ....

Impatiens

Ungeduldige Menschen. Sie denken schnell, handeln schnell und ... ärgern sich leicht über andere, die sich für bestimmte Aufgaben mehr Zeit nehmen. Oftmals sind sie sehr kompetent, eignen sich jedoch kaum für Teamarbeit. Allein zu arbeiten, empfinden sie als lustvoller, denn das geht ja schneller, besser und .... verärgert einen nicht durch die Trägheit der anderen.

Larch

Ein Typus mit deutlich ausgeprägter Angst zu versagen. Es handelt sich um sehr fähige Menschen, doch die Angst zu versagen – vor anderen Menschen und sich selbst – hält sie vor neuen Unternehmungen zurück. Oftmals sind sie verlegen und versuchen, in Gesellschaft nicht aufzufallen.

Mimulus

Ängstliche Menschen, die sich ihrer Angst bewußt sind (im Gegensatz zum Aspen-Typus). Sie sprechen nicht gern darüber und leiden lieber still. Ihre Angst äußert sich oft in Form von Nervosität.

Mustard

Die Mustard-Blütenessenz wird auch als Symptom-Blütenessenz verwendet. Sie wird bei Melancholie eingesetzt, die plötzlich, wie eine dunkle Gewitterwolke aufziehen kann. Eine solche außergewöhnliche melancholische Reaktion folgt meistens auf eine extreme Lebenssituation.

Oak

Der Oak-Typus symbolisiert die Kraft einer großen, alten, weisen Eiche, die in der Mitte eines Dorfplatzes alle guten und schlechten Tage vorbeiziehen sah und die alles, was um sie herum geschah, überlebte. Ein Oak-Typus setzt sich zuverlässig durch und gibt seinen Mut nicht auf. Selbst von Rückschlägen läßt er sich nicht entmutigen, sondern bleibt ein aufrechter Mensch.

Olive

Dies sind oftmals Menschen, die viel gelitten haben, was sie 'mürbe' werden ließ, so daß sie nun keine Lebensfreude mehr empfinden. Sie sind einfach für alles zu erschöpft.

Pine

Dieser Typus fühlt sich für alles verantwortlich, was um ihn herum schief läuft. Selbst wenn ihn keine Schuld trifft, macht er sich Vorwürfe, nichts unternommen zu haben, um dem Problem vorzubeugen. Diese Menschen sind harte Arbeiter, die außergewöhnlich hohe Anforderungen an sich selbst stellen und die unzufrieden werden, wenn ihre hochgesteckten Ziele nicht erreichbar sind.

Red Chestnut

Dieser Typus kennzeichnet Menschen, die sich so angstvoll um andere sorgen, daß sie selbst ernsthaft zu kurz kommen. Sie lassen den Menschen in ihrer Umgebung zu wenig Raum, sie 'klammern'. Nicht aus Angst allein gelassen zu werden (Agrimony), sondern da sie sich zu sehr um die sorgen, die sie lieben.

Rock Rose

Diese Bachblüte wird als Symptommittel für Notfälle, bei denen große Angst oder Panik auftritt, verwendet.

Rock Water

Hier handelt es sich um perfektionistische Charaktere, die sich selbst und anderen gegenüber sehr streng sind. Sie sind bereit, viel 'zu opfern', hart zu arbeiten, wichtige Dinge zu tun und diese gut zu erledigen, um dem eigenen Ideal Genüge zu tun.

Scleranthus

Ein unentschlossener Typus, der teilweise einen wenig vertrauenswürdigen Eindruck macht, da seine Stimmung oft wechselt. Diese Menschen wissen nicht, für was sie sich entscheiden sollen, da sie einmal diesen und dann genau den entgegengesetzten Weg für den richtigen halten.

Star of Bethlehem

Es handelt sich, wie bei Rock Rose, um eine Symptom-Blütenessenz. Sie kann bei plötzlich übermittelten tragischen Nachrichten Trost bieten.

Sweet Chestnut

Diese Blütenessenz paßt eher zu einer Stimmung als zu einer Typen-Kategorie. Sie findet Verwendung, wenn sich jemand in einem 'Tal der Angst und Melancholie' völlig verloren fühlt, etwa wie ein aus dem Nest gefallenes Vöglein, auf das hinter den Sträuchern schon die Katze lauert.

Vervain

Begeisterte, harte Arbeiter, die keinerlei Ungerechtigkeit vertragen: sie gehen sofort auf die Barrikaden. Menschen dieses Typs versuchen oft, andere von der Richtigkeit ihrer Meinung zu überzeugen und sie für ihre enthusiastischen Pläne zu begeistern.

Vine

Hierbei handelt es sich um besonders dominante Menschen, denen es schwerfällt, Anordnungen zu akzeptieren, die aber selbst gern Befehle erteilen. Es sind ausgezeichnete Führungspersönlichkeiten, die Instruktionen geben, jedoch den Nachteil haben, zu wenig Gespür für ihre Mitmenschen beziehungsweise Mitarbeiter aufzubringen, und die oft als zu dominant erscheinen.

Walnut

Ein Typus, der sehr genau weiß, was er will. Unter dem Einfluß einer starken Persönlichkeit kann er jedoch gelegentlich auch an der Gültigkeit seiner eigenen Überzeugung zweifeln. Bei der Umsetzung einer Idee bleibt dieser Mensch zu stark an die allgemein vorherrschende Meinung gebunden.

Water Violet

Ein Typus, der oft arrogant und hochmütig erscheint, dies jedoch gar nicht ist. Es sind meistens ruhige, sehr fähige Menschen, die darauf Wert legen, allein zu sein. Das Bedürfnis nach einer Privatsphäre und die scheinbare Distanzierung von anderen isoliert sie oft.

White Chestnut

Hierzu gehören Menschen, die sich nur schwer entspannen können, die zu 'kopflastig' sind, die kaum Zugang zu ihren Gefühlen haben und sich unaufhörlich mit inneren Dialogen beschäftigen. Oftmals sind diese Menschen sehr wißbegierig, saugen Wissen geradezu auf und gönnen sich nicht die Zeit, dieses Wissen – bevor sie weiterschreiten – zu verarbeiten.

Wild Oat

Dieser Typus ist ständig auf der Suche nach einem Lebenssinn. Er steht oft sehr lang an einer Lebenskreuzung und kann sich selbst nach längerem Zögern nicht für einen Weg entscheiden. Es handelt sich um sehr talentierte Menschen, die jedoch das ihren Fähigkeiten gemäße Ziel nicht erkennen können, weshalb ihrem Leben auch der 'rote Faden' fehlt.

Wild Rose

Dies sind sehr ruhige, manchmal sogar apathische Menschen, die keine bestimmten Lebensziele verfolgen. Sie sind mit ihrem täglichen Leben zufrieden und bemühen sich nicht darum, ihre Grenzen zu verschieben oder sich anderen Herausforderungen, von denen sie lernen könnten, zu stellen.

Willow

Der Willow-Typus ist ein 'innerer Nörgler', der mit allem, was das Schicksal ihm bietet, unzufrieden ist. Er geht davon aus, daß die Zukunft 'zweifellos noch viel Elend für ihn bereit hält'. „Warum ich?" ist eine Frage, die sich der Willow-Typus oft stellt. Meistens handelt es sich hier um verbitterte Menschen, die das Gefühl haben, immer Opfer zu sein. Diese Empfindung bewegt sie meist in aller Stille, das heißt, ihr Groll ist nach innen gerichtet.

Die Auswahl der richtigen Bachblütenessenzen für das Tier

Das letzte Kapitel ermöglichte Ihnen einen Überblick über die Einteilung der 38 Charaktere. Wenn Sie die Personen Ihrer Umgebung den verschiedenen Charakteren zuordnen können, dann gelingt Ihnen das auch bei Tieren, die ebenfalls die Charakterzüge der behandelten 38 Typen aufweisen.
Ein mürrisches Pferd kann Sie zum Beispiel an Ihre Tante Marie erinnern, die ein 'Kräutchen-rühr-mich-nicht-an'-Typus ist. In Gedanken gehen Sie nun die 38 Charaktertypen durch. Die Blütenessenzen, die Ihrer Meinung nach für Tante Marie geeignet sind, passen höchstwahrscheinlich auch für das mit ähnlichen Eigenschaften ausgestattete Tier.
Zweifeln Sie an der Richtigkeit Ihrer Auswahl oder fürchten Sie, daß Sie sich von einem Stimmungsbild leiten ließen, das gar nicht den Wesenskern des Tieres trifft? Keine Angst. Die Klassifizierung Ihres Tieres im Sinne der 38 Blütentypen ist sicherlich wichtig für das Gelingen, doch hängt der Erfolg nicht allein davon ab. Sie können nämlich auch nur die Symptome betrachten, die Sie verändern möchten.
Ein Beispiel: Sie möchten ein sehr ängstliches Tier gern von seiner Angst befreien. Sie können direkt eine Auswahl aus Agrimony, Cherry Plum, Larch, Mimulus, Red Chestnut, Rock Rose und Sweet Chestnut treffen. Diese Palette erscheint Ihnen vielleicht als zu breit, aber wir kommen den richtigen Blütenessenzen auf diesem Weg ein ganzes Stück näher. Die Wahl orientiert sich nur an den Symptomen, wie man aus folgendem erkennt:

* Prüfen Sie, ob die Angst aus der Vergangenheit stammt (Trauma). Ist dies der Fall, so käme Star of Bethlehem in Frage.

* Rührt die Angst von einem Ihnen bekannten plötzlichen Erlebnis her, von einem Vorfall, den Sie kennen dann nehmen Sie Rock Rose!
* Können Sie die Angst nicht auf ein konkretes Erlebnis der Vergangenheit oder der Gegenwart zurückführen, so ziehen Sie Star of Bethlehem oder Rock Rose nicht weiter in Betracht, sondern bedenken folgendes:
* Ist es eine hysterische, unkontrollierte Angst? Dann wählen Sie Cherry Plum!
* Empfindet das Tier die ganze Welt als angsteinflößend und besitzt es zu wenig Selbstvertrauen? Geben Sie ihm dann Larch!
* Kann das Tier Sie auf keinen Fall allein lassen, d.h. wird es unruhig, wenn es seine 'Herde' nicht beisammen hat? Dann ist Red Chestnut zu empfehlen.
* Handelt es sich um eine Angst vor etwas Faßbarem? Mimulus.
* Ist das Tier schon im voraus oder in unerwarteten Momenten ängstlich? In diesem Fall fiele die Wahl auf Aspen.

Dieses Beispiel zeigt, daß wir auf dem Weg der Eliminierung von Möglichkeiten zu einer guten Auswahl kommen, ohne den Tier-Typus bestimmen zu müssen.
Über den Vergleich mit Menschen unserer Umgebung können wir den Tier-Typus bestimmen. Mit dieser Methode werden Sie sicherlich zu einem im vorigen Kapitel besprochenen Typus gelangen.
Gelingt Ihnen die Bestimmung des Tier-Typus nicht, dann arbeiten Sie mit den Symptom-Blütenessenzen. Das Ergebnis wird ebenso gut sein, jedoch nicht so dauerhaft.
Das Kapitel 'Die 38 Charaktertypen für Pferde und Hunde und die dazugehörenden Bach-Blütenessenzen' hilft Ihnen bei der Suche nach den für das Tier passenden Typen-Blütenessenzen weiter. Über die einzelnen Blütenessenzen werden die verschiedenen Tier-Typen skizziert, erst das Pferd, dann der Hund. Die beschriebenen Situationen stammen alle aus meinen jahrelangen Erfahrungen mit Tieren. Für jeden, der mit Tieren zu

tun hat, versuche ich so gut wie möglich, das Verhalten und die Haltung der Tiere beispielhaft zu beschreiben.
Fällt es Ihnen dann immer noch schwer, die richtigen Blütenessenzen auszuwählen, so verwenden Sie bitte:

* das Pendel (siehe Seite 185), den Muskeltest oder andere Testmethoden
* Ätherische Öle neben den Bach-Blütenessenzen.

Ätherische Öle arbeiten auf der ersten Ebene, dem grobstofflichen Körper, wie auch auf der zweiten Ebene, dem feinstofflichen Körper, und unterstützen somit aktiv die Bach-Blütenessenzen, die auf der zweiten und dritten Ebene, dem ätherischen Körper, wirken. Die ätherischen Öle haben einen 'materielleren' Bezug, so daß ihre Auswahl einfacher ist.
Auf Basis der Gemeinsamkeiten von Mensch und Tier wird in der ausführlichen Beschreibung der Tiere im folgenden Kapitel deutlich, wie die Blütenessenzen als Typenessenzen eingesetzt werden können. Für die einzelnen Blütenessenzen ist angegeben, bei welchen Symptomen und Stimmungen sie Hilfe bieten können.

PFERDE UND HUNDE UNTERSCHIEDE UND GEMEINSAMKEITEN

Obwohl die Charakterisierung nach Typen im allgemeinen bei Hunden und Pferden zu den gleichen Ergebnissen führt, wird sich doch zeigen, daß dieselben Ursachen bei diesen beiden Tieren zu ganz verschiedenen Symptomen führen können. Das Pferd ist ein Fluchttier und wird diesem Fluchtinstinkt entsprechend mit seinen Emotionen umgehen. Demgegenüber ist der Hund ein Jäger, was sich gleichfalls in seinen Reaktionen ausdrückt.
Um die Symptome gut einordnen zu können, müssen wir näher auf den Ursprung dieser Tiere eingehen. Dies wird uns helfen, die richtigen Blütenessenzen auszuwählen.

DAS SOZIALE MUSTER DER PFERDE

Das Pferd ist von Natur aus ein Herdentier. Das soziale Muster bei Pferden ist deutlich erkennbar: die Herde wird von der Leitstute angeführt. Manchmal ist dies eine kräftige Stute in der Blüte ihres Lebens. Meistens jedoch handelt es sich um eine alte, weise 'Großmutter', die genau weiß, wann die Herde welche Nahrung nötig hat. So führt sie, wenn nötig, die Herde von einer Weide mit eiweißreicher Nahrung zu einer mit Faserstoffen. Die Stute weiß auch, wann der Vorrat für den Winter angelegt werden muß, und wo sich die Herde um den Monat September herum aufhalten muß, damit das Eiweiß, das die Natur in dieser Zeit einigen Gräsern beigibt, als Vorbereitung auf den Winter bestmöglich ausgenutzt werden kann. Die Stute weiß auch, bei welchem Wetter Schutz aufgesucht werden muß, und sie führt die Herde, wenn nötig, in einen Wald oder zu einer geeigneten Felspartie. Desgleichen weiß die Stute, ob eine Schneebö nur kurz andauern wird, so daß sie von der Herde ohne Probleme überstanden werden kann. Dies zeigt, daß die Weisheit und der Instinkt der Leitstute für die Lebenskraft der gesamten Herde bestimmend sind.

Der Hengst kümmert sich wenig um diese 'Haushaltssorgen'. Wittert er Gefahr, z.B. die Anwesenheit von Raubtieren, oder eines anderen Hengstes, das Heraufziehen eines Unwetters oder das Herannahen eines Erdbebens, so wird er versuchen, die Leitstute zu bestimmten Aktionen zu bewegen. Viele gesunde und starke Herden werden von einem gut zusammenarbeitenden Paar geleitet.

Der Hengst kümmert sich fast ausschließlich darum, die Herde zusammenzuhalten. Zeigt die Leitstute den einzuschlagenden Weg an, so sorgt der Hengst dafür, daß ihr alle Herdentiere folgen und daß keines vom Weg abschweift. Er verteidigt seine Herde gegen alle Arten von Gefahr, vor allem auch gegen andere Hengste, die versuchen, Stuten aus seiner Herde zu entführen.

Die anderen Tiere der Herde kümmern sich vor allem darum, die Jungtiere aufzuziehen, mit Altersgefährten zu spielen, und sie üben sich für später mit kleinen Sprints oder Scheinkämpfen, um gesund zu bleiben.

Die Stuten werden meistens von ihren Fohlen in Beschlag genommen. Von einem, das ihnen um die Beine läuft und von dem nächsten, mit dem sie schon wieder trächtig sind. Die Stuten finden bei ihren Herdengenossinnen oftmals viel Freundschaft: die Bande zwischen zwei Pferden können sehr innig sein. Diese Innigkeit kommt seltener zwischen Hengst und Leitstute vor (Stehen diese darüber? Ist ihre Aufgabe so verantwortungsvoll und schwer, daß sie sich diesen Luxus nicht erlauben können?), doch findet sie sich in der gesamten Herde. Freundschaften sind für Pferde, wie auch für Menschen, von unschätzbarem Wert.

Aus dem oben Gesagten können wir einige wichtige Schlußfolgerungen ziehen:

* Das Pferd ist ein Fluchttier und greift nur dann an, wenn es keine andere Möglichkeit mehr sieht. Es hält nichts von Aggressivität, kämpft nicht gern, sondern nimmt so lang wie möglich zu Drohgebärden Zuflucht. Greift es dennoch an, so zeigt uns dies, daß ein

nicht zu unterschätzendes Problem vorliegt. Das Tier hat es sehr schwer.

* Ein Pferd benötigt für sein physisches und emotionales Gleichgewicht viel Platz und Bewegung. Zu seinen täglichen Bedürfnissen gehört es, den ganzen Tag damit zuzubringen, schlendernd zu fressen. Behindert man es in seinen natürlichen Bedürfnissen, so kann dies zu einem Ungleichgewicht führen.
* Ein Pferd, wie auch ein Mensch, benötigt nicht nur seine Herdengenossen, (notfalls auch aus einer anderen Tiergattung, z.B. eine Ziege) um sich sicher zu fühlen. Für sein emotionales Wohlergehen sind vor allem Freundschaften besonders wichtig. Ein Pferd, das auf Grund der Anlage der Stallungen (Einzelställe oder abgeschlossene Boxen) keine Möglichkeit hat, Freundschaften zu schließen, oder das immer wieder verkauft wird und dadurch seine Freunde stets zurücklassen muß, wird sich auch vom Menschen zurückziehen. Einsamkeit ist die Folge. Zu dem daraus resultierenden Ungleichgewicht gesellen sich bald mentale und physische Störungen, die sich in Form von schlechtem Benehmen oder in körperlichem Unwohlsein äußern.

Das soziale Muster der Hunde

Der Hund ist wie das Pferd ein sehr soziales Tier. Die Rudelgesetze sind unerschütterlich und dienen dem Schutz des Rudels. Diese Regeln zu brechen kommt schon fast einem tödlichen Vergehen gleich.
In jedem Rudel findet man:

* einen kräftigen Rüden, der fast immer die Leitung übernimmt
* die Hündin dieses Rüden: meistens die stärkste und gesündeste Hündin, die keine besonderen Leistungen in das Rudel einbringt, die jedoch verschiedene Vorrechte genießt, wie z.B. das Recht, mit dem Rüden jagen zu dürfen, direkt nach oder sogar mit diesem zusammen von der Beute fressen zu dürfen, keine Aufsicht führen zu müssen, sowie weitere, weniger wichtige Vorrechte. Sehr wichtig ist jedoch,

daß das gesamte Rudel weiß und akzeptiert, daß der Freundin des Leitrüden Vorrechte eingeräumt werden. Ihrerseits teilt die Leithündin an andere Rudelmitglieder Vorrechte aus. Meistens ist sie es auch, die die weitere Hierarchie im Rudel bestimmt.

Die übrigen Rudelmitglieder können in zwei Gruppen aufgeteilt werden:

* die sogenannten Alpha-Hunde, das heißt diejenigen, die von Natur aus den Drang haben, zu führen und die die entsprechende Zeit abwarten, bis sie den Führungsrüden verstoßen können, beziehungsweise bis sie ein eigenes Rudel gründen oder sich einem anderen Rudel anschließen.
* die Beta-Hunde, die mit allen Mitteln versuchen, sich bei den leitenden Hunden einzuschmeicheln. Sie lecken diesen die Schnautze, passen auf ihre Welpen auf, nehmen bei der Jagd die schlechteren Plätze ein und zeigen stets ein unterwürfiges, sklavenhaftes Verhalten.

Welchen Platz ein Hund in der Hierarchie des Rudels auch einnimmt, er ist und bleibt ein Jäger. Er weiß, daß er Zähne hat, die er für den Überlebenskampf einsetzen kann und die ihm gute Dienste leisten, wenn es darum geht, sich Vorrechte zu erkämpfen. Steckt ein Hund in Schwierigkeiten, so wird er nicht wie ein Pferd versuchen, sie auf friedliche Art und Weise zu lösen, und er wird auch nicht einfach fortlaufen, wenn keine friedliche Lösung möglich ist.
Ein Hund gibt seinem Widersacher jedoch die Chance, zu verschwinden, bevor der Kampf ausbricht, wobei der Gegner allerdings ein sehr unterwürfiges Verhalten zeigen muß, damit es nicht doch noch zum Kampf kommt.
Auch hieraus können wir wieder einige wichtige Schlußfolgerungen ziehen:

* Es existieren zwei Gruppen von Hunden: Alpha- und Beta-Hunde. Erstere haben von Natur aus einen ziemlichen Geltungsdrang. Letztere ziehen es vor, sich zu unterwerfen, bis hin zur Versklavung.

* Ein Hund ist es gewohnt, sich aus schwierigen Situationen durch Kampf zu befreien. In seinem Fall können wir Aggressivität eher als ein 'Nicht-mehr-weiter-Wissen', ein 'In-die-Enge-Getriebensein' ansehen, wobei sich insbesondere Beta-Hunde schnell in die Enge getrieben fühlen. Trotz ihres unterwürfigen Verhaltens beißen sie schneller zu als ein Alpha-Hund (Angstbeißer).

Diese Erkenntnisse müssen wir bei der Auswahl der Bach-Blütenessenzen stets berücksichtigen. Nur wenn wir das Tier in seinen natürlichen Lebensraum, seine Gefühls- und Instinktwelt versetzen, sind wir in der Lage, mit ihm das für die richtige Blütenessenzauswahl so wichtige 'Gespräch' zu führen.
Sicher werden Sie jetzt noch darüber rätseln, wie Sie die hier ausgeführten allgemeinen Beschreibungen eigentlich auf Ihr eigenes Tier oder auf das Tier, das Sie mit den Bach-Blütenessenzen behandeln möchten, übertragen sollen.
Beginnen Sie mit Ihren eigenen Tieren! Diese kennen Sie am besten, und Sie werden deshalb bald (auch wenn es zunächst nur zum Teil gelingen sollte) die verschiedenen Verhaltensweisen der Tiere mit den hier besprochenen sozialen Mustern in Verbindung bringen können. Auf den dabei gewonnenen Einsichten können Sie dann weiter aufbauen.

DIE 38 CHARAKTERTYPEN

FÜR PFERDE UND HUNDE

UND DIE

DAZUGEHÖRIGEN

BACH-BLÜTENESSENZEN

AGRIMONY

Der Agrimony-Charakter scheint selten oder nie Hilfe zu benötigen. Es handelt sich um ein aufgewecktes und ziemlich lebenslustiges Tier, das im allgemeinen sehr bereitwillig ist, jedoch nicht unbedingt die Initiative ergreift. Ihm liegt nicht viel an einem Scherz, es bleibt jedoch gutmütig und freundlich.

Agrimony-Tiere haben ein großes Harmoniebedürfnis. Streit oder Disharmonie in ihrer Umgebung können sie völlig aus dem Gleichgewicht bringen. Es wird sicherlich einige Zeit dauern, bis Sie dies erkennen, da es sich erst durch eine starke Muskelverspannung bemerkbar macht – bei Pferden sehen Sie diese am Hals oder Rücken; Hunde laufen auf steifen Pfoten oder bekommen ein steifes Steißbein.

Das Tier versucht stets, angespannten Situationen zu entkommen, wobei es so tut, als existierten sie gar nicht. Haben Sie schlechte Laune, so wird es Sie ignorieren, indem es, wenn möglich, buchstäblich davonläuft. So braucht sich das Agrimony-Tier mit Ihrer schlechten Laune nicht zu belasten.

Kann das Tier physisch nicht entkommen, dann bleibt es Ihnen gegenüber freundlich und nett, das heißt es tut so, als existierten Ihre schlechte Laune und sein sich daraus ergebender 'Streß' gar nicht für es.

Dieses Verhalten macht es sehr schwierig, die Agrimony-Blütenenergie zu erkennen. Auch körperliche Probleme übergeht der Agrimony-Typus einfach. Die beste Lösung liegt für diesen Typus darin, Schmerz einfach zu ignorieren. So braucht er sein – temporäres – Gebrechen nicht anzuerkennen. Das Agrimony-Tier ist in der Lage, es passiv hinzunehmen, wenn es zu unrecht bestraft wird. Es tut einfach so, als ob die Strafe nicht existierte (nicht zu verwechseln mit dem Wild-Rose-Typus, bei dem das gleiche Verhalten darauf beruht, daß er keine Energie mehr hat, um sich zu wehren .... und außerdem nützt dies ja angeblich auch nichts).

DAS AGRIMONY-PFERD

Dieses Pferd ist sehr umgänglich, und nichts in seinem Verhalten deutet darauf hin, daß es Ihnen Schwierigkeiten bereiten könnte. Die Gefahr besteht eher darin, daß sich im Unterbewußtsein des Tieres Spannungen aufbauen, die sich später unausweichlich als Probleme auf der physischen Ebene manifestieren werden.

Man kann sich dem Tier leicht nähern, denn es ist einem freundlich gesinnt und möchte gern eine angenehme Stimmung verbreiten. Übrigens wird sich das Pferd auch gegenüber Passanten – Stallgenossen oder Fremden – freundlich verhalten, es ist in gewisser Weise Jedermann's Freund. Diese Freundlichkeit sollte nicht mit Unterwürfigkeit oder Angst verwechselt werden, denn das ist nicht ihre Ursache. Es geht dem Tier einzig und allein darum, Frieden zu bewahren.

Da diesem Pferde-Typus eine harmonische Umgebung so wichtig ist, mag er weder Gedränge noch Lärm, weshalb er zur Schreckhaftigkeit neigt, was seine Konzentration bei der Arbeit vermindert. Allerdings ist es ein williges und arbeitsfreudiges Pferd, das Ihnen einen Fehler leicht übel nimmt, und das sich nicht 'querstellt'. Es ist ein wunderbares Reittier.

Agrimony-Pferde sind nicht sehr ängstlich oder unsicher. Wir sollten jedoch wachsam sein und uns nicht durch ihr scheinbar zufriedenes und harmonisches Verhalten in Sicherheit wiegen. Ist wirklich alles in Ordnung oder haben wir es mit einem Mangel an Agrimony-Energie zu tun? Achten Sie auf Muskelverspannungen, Überempfindlichkeiten bei Lärm und Launen. Zeigen sich derartige Symptome so ist die Agrimony-Blütenessenz angezeigt.

Der Agrimony-Hund

Ein liebes, kontaktfreudiges Tier, das stets versucht, es allen Hausbewohnern recht zu machen. Entsteht im Haus Streit, dann macht sich dieser Hund aus dem Staub: es ist ihm gleichgültig, wohin er verschwindet, in den Flur, unter eine Bank ... Hauptsache, er hat nichts mehr damit zu tun. Seine Angst vor schlechter Laune ist oft so groß, daß sein Verhalten als Schuldbewußtsein interpretiert werden könnte (Pine), da er, sobald die Stimmung umschlägt, über den Boden kriechend das Zimmer verläßt.

Der Agrimony-Hund ist ein sehr geselliger Hund, mit dessen Erziehung Sie wenig Probleme haben werden. Er gehorcht gern, denn er möchte eine angenehme Atmosphäre aufrechterhalten. Dieser Wunsch kommt auch deutlich zum Ausdruck, wenn er mit anderen Hunden zusammen ist. Ohne sich zu versklaven, versucht er, es den anderen recht zu machen. Möchte zum Beispiel ein anderer Hund seinen Platz einnehmen, dann sucht er sich, wie selbstverständlich, einen anderen Platz. Bekommt ein anderer Hund einen Rüffel, so ist der Agrimony-Hund schnell zur Stelle, um ihn zu lecken oder ihm Trost zukommen zu lassen. Kurzum: es ist ein unproblematisches, umgängliches Tier.

Im Gegensatz zu anderen Charaktertypen erkennt man hier nicht so ohne weiteres, wann dieser Hunde-Typus sich der negativen Agrimony-Energie überläßt. Er 'schluckt' dann alles, und steht unter einer großen inneren Spannung, die er jedoch nicht äußert, so daß man seinem Verhalten nichts anmerkt. Physisch sichtbar wird die negative Agrimony-Energie erst, wenn man es mit scheinbar unerklärlichen Krankheiten zu tun bekommt, die wie aus dem Nichts auftauchen. Sie entstanden aus dem schon lange vorliegenden inneren Ungleichgewicht.

Aber: keine Sorge. Dem Tier muß viel zugemutet werden, bevor ein wirklich unwiderruflicher Schaden entsteht, und mit etwas gutem Willen können wir, noch vor Entstehen physischer Probleme, Anzeichen dafür erkennen. Deutliche Zeichen liegen vor, wenn der Hund sich bei Streit zurückzieht und einen Lebensgefährten nach einem Rüffel zu trösten versucht.

Nach einer gewissen Zeit stellen sich die physischen Symptome ein: der Hund wird steif, bevor er das entsprechende Alter hat. Es kommt dann zur Entwicklung einer hölzernen Gangart, die hauptsächlich von den untersten Rückenwirbeln am Steißbein herzurühren scheint. Dort werden Sie sicherlich eine starke Muskelversteifung spüren. Selbstverständlich ist nicht jede Muskelversteifung in diesem Bereich ein Anzeichen für den Bedarf von Agrimony-Energie, doch kann die Verspannung, zusammen mit anderen Merkmalen, eine Indikation dafür darstellen.

Agrimony als Symptom-Blütenessenz

Diese Blütenessenz kann kaum als Symptom-Blütenessenz verwendet werden, da man ihre Notwendigkeit nur schwer innerhalb einer kurzen Zeitspanne erkennen kann. Die Blütenessenz vorbeugend zu verwenden, ist sicherlich möglich. Ist Ihrer Meinung nach die Atmosphäre, in der das Tier lebt, längere Zeit sehr belastend (beispielsweise eine neue Lebensgemeinschaft, ernste physischen Eingriffe, Streitigkeiten, besondere Belastungen des Besitzers), so können Sie sie als 'Weichmacher' oder 'Trostspender' einsetzen. Tun Sie dies bitte nur bei Charakteren, von denen Sie wissen, daß sie sich nichts anmerken lassen, die, unter allen widrigen Umständen, stets lebhaft bleiben. In solchen Fällen kann die Agrimony-Blütenessenz als Symptom-Blütenessenz eingesetzt werden.

Aspen

Der Aspen-Typus ist eigentlich mit einer zu dünnen Haut geboren worden. Diesem Tier fällt es sehr schwer, in unserer Menschenwelt seinen eigenen Platz zu finden. Es bleibt ängstlich und abwartend und zeigt kaum je seinen wahren Charakter.
Es sucht gerne Kontakt, benimmt sich dabei allerdings wie ein scheues Reh: Bevor man sich ihm wirklich nähern kann, erschrickt es vor seiner eigenen 'Unvorsichtigkeit' und zieht sich schnellstens wieder zurück.
Das Aspen-Tier ist, was die Atmosphäre betrifft, sehr empfindsam. Ist man nicht selbst hundertprozentig entspannt und voller Vertrauen, so hat es wenig Sinn, mit ihm zu arbeiten. Kann man im Augenblick keine Ruhe vermitteln, bleibt man lieber auf Distanz und zwingt dem Tier den Kontakt nicht auf, denn das hieße soviel wie es dazu zu zwingen, sich am Feuer zu verbrennen. Das Tier empfindet Ihre Stimmungen sehr stark – oftmals stärker als Sie selbst – und weiß, daß es damit nicht gut umgehen kann. Lassen Sie das Tier lieber in Frieden und suchen Sie nur dann Kontakt, wenn Ihre Stimmung einem sicheren Hafen ähnelt, den das Tier anlaufen kann.

Das Aspen-Pferd

Im allgemeinen ist dies ein warmblütiges, nicht allzu temperamentvolles Pferd, das man nicht für die Arbeit begeistern kann. Auch auf Ausflügen in

die Natur interessiert es sich nur dann für neue Dinge, wenn es sich vor nichts ängstigt.
Es besteht kein Zweifel daran, daß das Tier am liebsten täglich unverändert dieselben Runden dreht, denn Veränderungen sind ihm stets unheimlich.
Das Aspen-Pferd ruht sich lieber in einem hell erleuchteten Stall aus als bei gelöschtem Licht, und es hört dabei gern ruhige Musik. Während des Schlafes kann es plötzlich stark erschrecken. Auf der Weide sucht es in seiner etwas scheuen Art gern die Gesellschaft anderer Pferde und bietet sich zum 'Knabbern' an, wobei es nie die richtige Haltung dafür zu finden scheint. Es läuft schneller auf die andere Seite seines 'Knabberpartners' als diesem lieb ist, was zur Folge hat, daß die 'Knabberpartie' frühzeitig abgebrochen wird, und daß sich der Partner ein anderes Herdentier sucht. Schon steht unser Aspen-Pferd wieder allein da und schaut unruhig drein.
Dieses Pferd ist stets argwöhnisch, wenn es gesäubert wird, und es kommt manchmal vor, daß es sehr heftig reagiert, wenn Sie es bürsten, selbst an Stellen, die sonst keine Reaktion hervorrufen. Sie denken dann zunächst an Schmerzen, an einen Druckpunkt oder an eine Wunde, doch letztendlich liegt gar kein bestimmter Grund vor: Das Tier fürchtete nur, Sie könnten ihm möglicherweise Schmerz zufügen. Stellen, an denen früher Wunden waren, bleiben sehr lange empfindlich, denn die Erinnerung an eine Verletzung empfindet dieser Pferde-Typus noch lange als schmerzhaft.

Der Aspen-Hund

Dieser Hunde-Typus kann merkwürdigerweise sowohl ein dominanter Alpha-Hund sein, als auch ein untergebener Beta-Hund. Das deutlichste Erkennungszeichen eines Aspen-Hundes ist seine Angst. Angst läßt sich bei Hunden leichter wahrnehmen als bei Pferden, da Hunde ihr 'Handikap' offen zugeben: Klingelt es an der Tür, so läuft der Hund schnell hinter einen Schrank, um – wenn es ein Alpha-Hund ist – laut bellend hervor zu kommen. Kurz darauf erschrickt der Hund anscheinend über

seine eigene Courage und verkriecht sich aufs neue mit eingezogenem Schwanz. Bei diesem Hunde-Typus kommt es rasch zu Angstbissen. Erkennen wir deren Ursache nicht und bestrafen das Tier, so vergrößert sich seine Angst nur, wodurch wir die 'Chance' auf eine erneute Beißpartie erhöhen.
Gehen wir mit diesem Hund 'Gassi', so wird er auf alles Neue argwöhnisch reagieren, das er auf dem Weg entdeckt. Die erste Autofahrt wird sicherlich auch sehr schwierig, denn der Hund wird buchstäblich vor Angst 'pinkeln' und sich wahrscheinlich sogar im Auto übergeben. Das erste Mal in einem Lift, einem Appartement, einer Straßenbahn, einem Zug oder einer U-Bahn zu sein stellt diesen Hund vor große Probleme. In neuen und ungewohnten Situationen darf jeder Hund Angst verspüren. Der Aspen-Hund reagiert jedoch fast panisch.
Beim leisesten Geräusch schlägt er an, im Schlaf schreckt er oft auf, und er wird regelmäßig von Alpträumen geplagt.

ASPEN ALS SYMPTOM-BLÜTENESSENZ

Aspen ist als Symptom-Blütenessenz weniger geeignet und wird meistens als Typen-Blütenessenz verwendet. Dennoch können die unten ausgeführten Beschreibungen Ihnen vielleicht zu erkennen helfen, ob ein Bedarf an dieser Blütenessenz besteht.

DAS ASPEN-PFERD

Scheut das Tier vor Menschen (z.B. wegen früherer Mißhandlungen) so kann Aspen als Symptom-Blütenessenz eingesetzt werden. Leidet das Tier unter einer solchen Störung, so wird es bei jeder Berührung, oder wenn es auf neue Arbeitsanweisungen wartet, wie Espenlaub zittern (Asp = Espe). Die Blütenessenz Aspen ist auch dann zu verwenden, wenn das Pferd

regelmäßig auf Hilfen[1] übertrieben reagiert oder bei einem einfachen Halt direkt mit einer Wende um die Vorhand antwortet: Das Tier ist aus Angst, und nicht wegen eines Überschusses an Energie (Stampfen, Scharren usw.), erkennbar nervös, was sich unter anderem an seinem Zittern zeigt oder daran, wie es mit seinen Augen rollt, oder auch daran, daß es die Ohren mal nach vorn, mal nach hinten umgelegt.
Aspen kann weiterhin angezeigt sein, wenn das Pferd bei plötzlichen Bewegungen aufschreckt, z.B. wenn der Reiter seinen Pullover auszieht oder wenn sich etwas Ungewohntes auf seinem Rücken befindet. Weiterhin ist Aspen ratsam, wenn das Pferd sich dem Schmied gegenüber ängstlich verhält, oder wenn es sich beim Nahen des Tierarztes in die hinterste Ecke der Box oder der Weide verkriecht, ohne daß ihm je einmal etwas Unangenehmes bei diesen beiden Personen widerfahren wäre. Na ja, mag es 'denken', man weiß ja nie....
Ein Pferd, das sich weigert zu fressen, sobald sein Futter ihm in einem anders geformten oder in einem anders farbigen Trog verabreicht wird, könnte Aspen als Symptom-Blütenessenz benötigen, genauso wie ein Pferd, daß bei lauten Geräuschen zu erschrecken oder 'druchzubrennen' pflegt.
Aspen-Pferde sind selten aggressiv. Ihre Angst äußert sich darin, daß sie flüchten, plötzlich 'Durchbrennen', oder einfach darin, daß sie nicht mehr ansprechbar sind. Werden sie von ihrer Angst beherrscht, brechen sie die Kommunikation ganz ab.

DER ASPEN-HUND

Ein Hund, der sich von Natur aus beherrscht, sich jedoch z.B. beim Tierarzt am liebsten unter den Tisch verkriecht, könnte aus der Aspen-Blütenessenz Nutzen ziehen.

1

Hilfen: die unterschiedlichen Arten, mit denen der Reiter seinem Pferd seinen Willen mitteilt, z.B. durch Gewichtsverlagerung, einen bestimmten Tonfall der Stimme, durch einen Druck der Schenkel oder eine Bewegung der Zügel

Ein Hund, der freundlich ist und der auch freundlich aussieht, wird gern von Unbekannten spontan gestreichelt. Dies jagt dem Tier Angst ein, und es kennt dann nur noch eine Reaktion: beißen! Aspen wird in einem solchen Fall helfen. Fühlt sich ein Hund beim Autofahren elend, reagiert er völlig verängstigt, beißt er dabei womöglich die Sitzpolster kaputt: Aspen kann diesem Hund helfen.
Weiterhin hilft Aspen einem Hund, der sich im normalen Alltagsleben zu sehr vor Strafe fürchtet und bei jedem Stimmungsumschwung seines Besitzers unter dem Tisch oder auf den Gang verschwindet.

Beech

Das Beech-Tier ist ein ziemlich intolerantes Tier, das dazu neigt, bestimmte Dinge nicht zu akzeptieren, was es dann auf eine mürrische Art zum Ausdruck bringt. Es ist möglich, daß es mit Freude auf eine Abweichung von der normalen Behandlung reagiert. Empfindet es dies jedoch nicht als angenehm, so wird es mit einer gewissen Herablassung zu erkennen geben, daß ein Mensch, der sich so etwas ausgedacht hat, ziemlich dumm sein muß.

Beech-Tiere haben oftmals eine problematische Erfahrung erlitten, sie mußten vielleicht den Besitzer wechseln und versuchten sich anzupassen, mußten jedoch kurz darauf wieder einen anderen Besitzer akzeptieren. Ihre Antwort auf diese Überforderung ist eine Haltung trotziger Distanz. Diesen Tieren kann man sich nur mit Mühe nähern, denn sie ziehen sich, auch wenn sie vielleicht gerade dazu bereit waren, sich ein wenig zu öffnen, bei dem kleinsten 'Fehler' des Menschen zurück.

Man muß diesen Tieren mit einem ausreichenden Maß an Selbstvertrauen begegnen, denn ihre Selbstverteidigung besteht darin, Ihr Selbstvertrauen zu unterminieren. Den allerkleinsten Fehler bestrafen sie erbarmungslos, indem sie sich hochmütig wieder zurückziehen.

Machen Sie sich bei der Arbeit mit diesen Tieren klar, daß diese nicht hochmütig und arrogant geboren wurden, sondern daß das gezeigte Verteidigungsverhalten durch negative Erfahrungen und von blockierten Beech-Energien hervorgerufen wird. Arbeiten Sie mit der Beech-Blütenessenz und Sie werden bald eine Verbesserung erkennen. Machen Sie es sich zur Regel, einen Augenblick still zu verharren und sich auf Ihren eigenen Wert zu besinnen, bevor Sie den Kontakt zu diesen Tieren aufnehmen; machen Sie sich dabei auch die Gründe bewußt, die das Tier dazu veranlassen, Sie zu verunsichern. Arbeiten Sie auf eine ruhige, jedoch deutliche und klare Art und Weise! Lassen Sie sich nicht entmutigen, sondern verfolgen Sie unbeirrt weiter den Weg der ruhigen deutlichen Anweisung!

Das Beech-Pferd

Das Bild, das man sich üblicherweise von einem Beech-Pferd macht, ist das eines trotzigen, arroganten, großen Hengstes. Das ist natürlich Unsinn: Auch die kleinste Schettlandstute kann einen Beech-Charakter besitzen. Höchstwahrscheinlich handelt es sich dann jedoch um eine Leitstute, denn auf unteren Stufen der sozialen Leiter wird man einen Beech-Charakter nicht antreffen.

Das Beech-Pferd wird, wenn es von der Weide geholt wird, erst einmal ernsthaft darüber 'nachdenken', ob es überhaupt bereit ist mitzukommen: Der Mensch erscheint ihm immer minderwertig, und es wird ihm nicht einfach gehorchen. Beachten Sie jedoch, daß es dem Pferd gar nicht darum geht, Ihnen nicht zu folgen – denn Kontakt wünscht es sich schon – sondern daß sein Trotz nicht zuläßt, dies offen zu zeigen.

Ein ähnliches Verhalten können Sie wahrnehmen, wenn Ihr Pferd in einer Box steht. Von sich aus wird es Ihnen nicht entgegenkommen (es sei denn, Sie raschelten mit etwas Leckerem, wodurch der Stolz meistens überwunden werden kann). Das Pferd wird Ihnen allenfalls in reservierter Weise und in einer Trotzhaltung gnädig erlauben, die Box zu betreten .... vorausgesetzt Sie wissen sich zu 'benehmen'. Begehen Sie einen Fehler, z.B. indem Sie dem Pferd zuwenig direkte Aufmerksamkeit schenken, mit einer anderen Person sprechen oder auch nur, indem Sie an etwas anderes denken, dann ist mit zwei unterschiedlichen Reaktionsweisen zu rechnen.

* Es legt seine Ohren etwas nach hinten – auf Halbstand – bewegt seinen Schwanz und schaut Ihnen beim Putzen manchmal mit einem Blick zu, der zu fragen scheint: Wie ist es nur möglich, daß ein Mensch so dumm sein kann? In ernsteren Fällen wendet sich das Pferd ganz von Ihnen ab und gibt Ihnen keine Chance mehr, mit dem Putzen fortzufahren, es sei denn Sie binden das Tier an.
* Es bleibt stehen, reagiert aber gar nicht mehr: Ohren auf Halb stand, eine Art Schlafstellung, Augen völlig nach innen gerichtet, und beim Hufgeben dauert es eine Ewigkeit, bis Sie eine Reaktion bekommen: Seinen Körper hat es Ihnen sozusagen dagelassen – ein kleines Spiel für das dumme Menschenkind; seinen Geist hat es an einen Ort mit wertvollerer Gesellschaft mitgenommen.

Beim Reiten zeigen diese Pferde ein ähnliches Verhalten: Solange man mit großem gegenseitigen Respekt arbeitet, kommt man gut miteinander aus. Versuchen Sie jedoch, zu schnell etwas Neues einzuführen, oder geben Sie eine undeutliche Hilfe, obwohl Sie eine deutliche Reaktion fordern, dann besteht die Gefahr, daß Sie auf starken Widerstand stoßen, der sich meistens in deutlichem 'Bocken' zeigt.
Eine letzte Bemerkung zum Beech-Pferd: einen korrigierenden, kleinen Schlag mit der Peitsche wird das Pferd ohne Entschuldigung akzeptieren. Erfolgt die Korrektur jedoch zu Unrecht, so können Sie auf ein sofortiges 'Bocken' oder zumindest auf ein bedrohliches Wehen mit dem Schweif gefaßt sein.
Es sind keine einfachen Pferde. Sind Sie allerdings in der Lage, mit ihnen umzugehen, dann erweisen sie sich als fantastische Arbeiter mit unverwüstbarer Ausdauer und bleiben Freunde fürs Leben.

Der Beech-Hund

Der Beech-Hund tendiert zur Aggressivität und man sollte sich ihm mit Vorsicht nähern, denn sein aggressives Verhalten beruht auf einer Trotzhaltung: „Diesen Dummkopf von Mensch kann ich nicht in meiner Um-

gebung tolerieren. Was ich noch weniger mag, ist von ihmder emint im Rudel über mir zu stehen, Befehle entgegenzunehmen."
Hunde, die schon als Welpen zu ihrem Herrchen kamen und von diesem in konsequenter Weise aufgezogen wurden, werden selten solche Probleme verursachen. Alpha-Hunde jedoch, die schon mehrere Besitzer hatten und sich unterschiedlichen Erziehungsmethoden unterwerfen mußten, können leicht ein Beech-Verhalten aufweisen. Es entsteht dann ein echter Machtkampf zwischen dem Hund und seinem Herrn, ein Kampf um den höheren Rang in der sozialen Hierarchie. Im Prinzip ist dies nicht tragisch. Der Beech-Hund ist ja doch davon überzeugt, daß Menschen einfach zu dumm seien, um über ihn dominieren zu dürfen.
Geben Sie diesen Tieren die ersten ein bis zwei Wochen lang die Beech-Blütenessenz in Kombination mit Walnut und Crab Apple. Gehen Sie während dieser Zeit so verträglich wie möglich miteinander um, ohne zuviel Nähe zu suchen. Sie können mit Ihrer Arbeit erst anfangen, wenn der Beech-Zustand zu heilen beginnt. Versuchen Sie, einem Machtkampf vorzubeugen, und pochen Sie so wenig wie möglich auf Ihr Recht. Solchen Situationen können Sie mit Ihrer menschlichen Intelligenz zuvorkommen. Gelingt Ihnen dies einmal nicht und müssen Sie auf Ihrem Recht bestehen, dann handeln Sie bitte in eindeutiger Weise und mit Entschlossenheit, ohne Ihr Mitgefühl für den inneren Zwiespalt des Hundes zu vergessen, welcher es ihm fast unmöglich macht, sich unterzuordnen! Am Anfang des Heilungsprozesses ist damit zu rechnen, daß der Hund Sie anschnautzt oder beißt. Nehmen Sie sich also in Acht!
Das oben beschriebene Verhalten kann auch auftreten, wenn Sie Ihren Hund schon bekamen, als dieser ein Welpe war. Es tritt oft am Ende der 'Pubertät' auf. Rüden probieren bei weiblichen Besitzern gerne aus, ob es möglich ist, die Rollen zu vertauschen. Hierbei geht es um einen ganz natürlichen Prozeß, vor dem man keine Angst zu haben braucht. Seien Sie jedoch aufmerksam, denn Sie müssen schon bei den ersten Anzeichen dieses Verhaltens adäquat reagieren, sonst wird Ihr Hund Sie beherrschen. Kommunizieren Sie eindeutig und mit Entschlossenheit, jedoch liebevoll! Unterstützen Sie diese Erziehungsphase mit der Beech-Blütenessenz: der Prozeß wird für Herrn und Hund viel einfacher.

BEECH ALS SYMPTOM-BLÜTENESSENZ

Beech kann man in all jenen Fällen sehr gut als Symptom-Blütenessenz einsetzen, wo ein Tier sich hochmütig in sich selbst zurückzieht. Ein Tier, das wegen seiner latenten 'Intoleranz' verspannt ist, kann aus der Beech-Blütenessenz Nutzen ziehen. Besonders Pferden, die sich bei der Arbeit leicht irritieren lassen, kann diese Blütenessenz helfen.

Hunden, die im Kontakt mit anderen Hunden ruppig sind und sich dazu hinreißen lassen zu kämpfen, könnte diese Blütenessenz verabreicht werden – besonders dann, wenn die Kämpfe einen Mangel an Respekt dem anderen Tier gegenüber zum Ausdruck bringen.

Beispiel: Man wirft in der Anwesenheit zweier Hunde Stöcke, denen beide begeistert hinterherlaufen. Der Beech-Hund erwartet von dem anderen Hund, daß dieser mit genügend Abstand vor dem Stock abbremst und keinesfalls einen Versuch startet, den Stock wirklich zu ergreifen. Geht der Hund auch nur ein Stückchen zu weit, warnt ihn der Beech-Hund im günstigsten Fall, meistens jedoch folgt ein 'Anschnauzer' und ein Biß. Ein echter Kampf entwickelt sich hieraus in den seltensten Fällen, da sich der andere Hund eher zurückziehen wird. Eine Beech-Arroganz ist nämlich für andere Hunde so bedrohlich, daß sie sich nicht so ohne weiteres einem Gefecht stellen.

Es gibt selbstverständlich noch weitere Beispiele dieser Art, auch wenn man nicht gleich in jedem dominanten Hund einen Beech-Hund sehen sollte – zumal es auch dominante Hunde geben muß, weil sonst das Gleichgewicht gestört wäre. Das beste Kriterium für einen Eingriff liefert folgender Umstand: Wenn das dominante Verhalten des Tieres es selbst unglücklich zu machen droht, sollten Sie ihm mit Training und mit der Beech-Blütenessenz helfen, zum Beispiel, wenn es nicht mehr möglich ist, mit dem Hund auszugehen, oder wenn man ihn nur noch als Problem und nicht mehr als Freund ansehen kann.

Centaury

Die Centaury-Typen sind fantastische, loyale Freunde. Sie haben ein sehr angenehmes Gemüt und kennen nur ein Glück: das Glück ihres Herrchens. Mit unerschöpflicher Geduld versuchen sie, es diesem Herrchen recht zu machen. Sie sind besonders brav und willig und lehnen sich selten oder gar nicht auf.

Centaury-Tiere sind auf die Härte des Lebens und die Uneinsichtigkeit der Menschen besonders schlecht vorbereitet. Es sind Tiere, die überhaupt nicht für sich selbst sorgen können und die sehr leicht von gutmeinenden Menschen in ihren Nöten übersehen, wie auch von ihren eigenen Artgenossen geärgert werden.

Der Centaury-Typus läßt sich nicht nur *ge*brauchen, sondern oft auch *miß*brauchen, denn in Wirklichkeit hat er keinen eigenen Willen. Der einzige Lebenssinn des Centaury-Tieres scheint darin zu bestehen, es seinen Artgenossen und den Menschen recht zu machen. Beim Menschen richtet das Tier seine größte Aufmerksamkeit auf den Besitzer, doch auch bei einem beliebigen Fremden verspürt es das Bedürfnis, brav zu sein und sich den Wünschen des Fremden konform zu verhalten.

Der Centaury-Typus scheint ein einfacher Hausgenosse zu sein – aber aufgepaßt! Es ist sehr wichtig, diese Tiere vor sich selbst zu schützen, da sie sich nicht um sich selbst kümmern. Als Erwachsene müssen wir besonders gut aufpassen, wenn Kinder mit diesen Tieren umgehen – was oft der Fall sein wird, da die Tiere zu Kindern so lieb sind – und wir müssen

darauf achten, daß den Tieren kein geistiger oder körperlicher Schaden zugefügt wird.
Sie werden vielleicht die Centaury-Blütenessenz nur mit Zögern verabreichen wollen und denken sich: So wie es jetzt ist, ist das Tier doch sehr umgänglich; das ist für mich und meine Kinder eigentlich sehr angenehm. Weshalb sollte ich diesen Zustand verändern? Die Antwort spricht für sich selbst: um des Tieres willen und im Interesse derer, die mit ihm Umgang pflegen, sind wir zu einer Behandlung verpflichtet. Tiere sind nicht dazu da, daß wir wie mit einem leblosen, willenlosen Spielzeug mit ihnen umgehen. Wir tun ein gutes Werk daran, das Tier wieder mit seinem eigenen Willen und damit mit seinen eigenen Grenzen in Verbindung zu bringen. Erkennt das Tier diese Grenzen wieder, kann es sie auch zum Ausdruck bringen, und es wird wieder möglich, in gegenseitigem Respekt miteinander umzugehen. Im Umgang mit dem Tier erfreuen wir uns ja am gegenseitigen Austausch, und es ist gerade diese Gegenseitigkeit, die uns und unseren Kindern guttut. Dabei liegt doch in der Naturverbundenheit der Tiere jener besondere Wert, der den Umgang für uns so reizvoll macht. Andernfalls könnten wir ebensogut einen Spielzeughund oder ein Motorrad kaufen.
Und: Machen Sie sich keine Sorgen! Wenn wir dem Tier mit der Centaury-Blütenessenz dazu verhelfen, zu seinem Willen zurückzufinden, wird es sich nicht in ein Monster verwandeln. Es bleibt ein äußerst feinfühliges, liebevolles Tier, das sich im gesunden Zustand von selbst die Grenzen setzt, die für einen respektvollen Kontakt zwischen Mensch und Tier nötig sind.

Das Centaury-Pferd

Centaury-Pferde sind fantastische Kinderponys, bei denen Kinder sich die gewagtesten Dinge herausnehmen können, ohne daß die Tiere sich widersetzen oder weglaufen. Es sind geduldige Manege-Pferde, die endlos ihre Runden laufen, selbst mit Anfängern, die auf ihrem Rücken herumrutschen und dabei mit dem Zaumzeug an ihnen zerren, so daß die Lippen einreißen. Man kann sie, auch wenn sie ihr Tagewerk vollbracht haben, trotzdem nochmals in der Manege einsetzen : „Ach, nimm doch Centaury. Das macht sicherlich noch eine Stunde brav mit."

Diese Pferde lehnen sich nicht auf, auch wenn sie für dieselbe Übung immer andere Hilfen auferlegt bekommen, und strengen sich aufs äußerste an, um zu verstehen, was der Reiter von ihnen will. In der Herde bekommen sie immer den Anschnauzer ab, der für ein anderes Pferd bestimmt war, obwohl sie selbst das die Strafe nach sich ziehende Verhalten doch gar nicht zu zeigen pflegen.

In der Herde geraten sie leicht in den Zustand der Frustration, da sich alle anderen Pferde an ihnen abreagieren. Werden die Centaury-Pferde in einer Herde gehalten, muß man beim Füttern gut darauf achten, daß auch sie ihren Anteil bekommen. Selbst dann täte es dem Centaury-Pferd noch gut, zum Fressen abgesondert zu werden. Die anderen Tiere könnten es dann während der Fütterung nicht stören. Allerdings besteht anschließend die Gefahr, daß es vom Leittier 'gemaßregelt' wird, da es gewagt hat, dessen Führungsanspruch zu ignorieren. Die Pferde müssen, solange der negative Centaury-Zustand andauert, wirklich vor der Welt beschützt werden.

Der Centaury-Hund

Der Centaury-Hund ist ein echter Beta-Hund, bei dem wir sehr auf sein physisches und mentales Wohlergehen achten müssen. Er kann und wird auch nicht für sich selbst sorgen.

Es wäre gefährlich, Kinder mit diesem Hund allein zu lassen, da sie an ihm herumzerren könnten, was eine physische Gefahr für das Tier bedeutet. Es würde sich nämlich nicht wehren. Am Schwanz ziehen, auf seinem Rücken reiten, ist noch das Geringste. Das Tier toleriert einfach alles, so daß die Gefahr besteht, daß die Kinder zu weit gehen: es an einem Strick um den Hals fortziehen; mal eben ausprobieren, ob der Hund auch wie eine Katze auf allen vier Pfoten landet, wenn man ihn in die Luft wirft

usw. Passen sie also auf diese Hunde in der Umgebung von Kindern besonders auf!
Draußen auf dem Feld wird das Tier lange brauchen, bis es sich traut, mit anderen Hunden zu spielen. Es möchte dies zwar gern, dreht aber auf halbem Wege wieder ab. Es besteht die Gefahr, die anderen Hunde dadurch zu irritieren, daß es das Spiel falsch einschätzt. Seien Sie sehr aufmerksam, wenn sie den Centaury-Hund zusammen mit anderen Hunden halten, denn diese können ihm sehr leicht schaden.
Beispiel: Jeder Hund hat im Haus seinen eigenen Stammplatz, von dem sich ein Centaury-Hund jedoch ohne weiteres verjagen läßt, wenn ein anderer Hund entschlossen ist, diesen Platz einzunehmen – der Centaury-Hund beugt sich dem Druck und legt sich woanders hin. Dafür handelt er sich womöglich noch einen Anschnauzer oder einen Biß ein; schließlich legte er sich dort hin, ohne zuvor die Zustimmung des anderen Hundes eingeholt zu haben.
Seien Sie also wachsam! Gehen Sie aber nicht allzu besorgt mit dem Centaury-Hund um oder betüteln diesen sogar, denn dadurch verringern Sie dessen Fähigkeit, eigene Grenzen zu ziehen noch mehr! Seien Sie verständnisvoll, dabei eher hart, und zeigen Sie dem Hund deutlich, wo sein Platz ist! Ermutigen Sie ihn, seinen Platz zu verteidigen, wenn er davon vertrieben wird!
Centaury ist eine wunderbare Blütenessenz, und die betroffenen Tiere haben sie für ihr eigenes Wohlergehen gewiß sehr nötig.

CENTAURY ALS SYMPTOM-BLÜTENESSENZ

Die Centaury-Blütenessenz ist stets zu verwenden, wenn ein Tier nicht in der Lage ist, seine eigenen Grenzen abzustecken. Möchten wir die Blütenessenz als Symptom-Blütenessenz einsetzen, dann sprechen wir von einem wie oben beschriebenen Verhalten, jedoch nicht in einer strukturellen Form.
Das Centaury-Verhalten kann z.B. durch eine temporäre physische Schwäche entstehen, nach einer Krankheit oder nach einer Verletzung. Dadurch

verliert das Tier möglicherweise sein Selbstvertrauen und versucht dies zu kompensieren, indem es mit jedem Spaß hat.

Das Centaury-Verhalten entsteht oft durch eine neue Lebenssituation, eine neue Herde, ein neues Rudel oder eine neue Familie. Für sich betrachtet ist diese Reaktion sinnvoll und gesund, sie entspricht den Gesetzen der Natur. Bleibt das Tier diesem Verhalten jedoch verhaftet, hilft man ihm am besten mit der Centaury-Blütenessenz.

Im allgemeinen kann man für die Anpassung an eine neue Lebenssituation etwa einen Monat veranschlagen. Bleibt das Tier auch danach noch unterwürfig und läßt es sich weiter mißbrauchen, dann sollten Sie ihm die Centaury-Blütenessenz verabreichen; denn je länger es das Verhalten über die erste natürliche Phase hinaus beibehält, desto schwieriger wird es letztendlich für das Tier, seinen ihm gemäßen Platz wiederzufinden und eigene Grenzen zu setzen.

CERATO

Der Charakter-Typus des Cerato-Tieres ist leicht zu skizzieren. Es ist ein Tier ohne Selbstvertrauen, sozusagen der 'Mitläufer' unter den Tieren, ein Tier, das selten Eigeninitiative zeigt und gerne einem anderen folgt oder dieses imitiert. Es ist trotzdem ein Tier, das sehr viel Aufmerksamkeit verlangt und das bei seinem Menschenfreund viel Anerkennung sucht. Eigentlich kann es davon nicht genug bekommen. Immer wieder stellt es die stumme Frage: Mach ich es richtig? Ist es das, was du von mir erwartest?

Das Cerato-Tier macht oft einen recht dummen Eindruck, obwohl es sicher nicht dumm ist. Dieser Eindruck wird meist dadurch erweckt, daß das Tier nicht an sich selbst glaubt. Man meint, alles ließe es kalt.

Im Vergleich zu Centaury entsteht das Cerato-Verhalten durch einen deutlichen Mangel an Selbstachtung. Das Centaury-Tier versucht in übertriebener Art und Weise, seine Lebensgefährten zufriedenzustellen.

Das Cerato-Tier braucht sehr viel Bestätigung. Dem mangelnden Selbstvertrauen des Tieres kann durch die Cerato-Blütenessenz und eine angemessene menschliche Reaktion abgeholfen werden. Lassen Sie das Tier nicht merken – auch wenn es Sie Mühe kostet –, daß Sie es manchmal schrecklich dumm finden! Das ist nicht der Fall und nur Ihre Einstellung würde es dazu veranlassen, sich tatsächlich dumm zu verhalten.

Gehen Sie bei diesen Tieren mit einer starken positiven inneren Einstellung an die Arbeit! Sie wissen um den Wert des Tieres. Lassen Sie es das auch spüren und seien Sie gewiß, in kürzester Zeit werden Sie eine

Veränderung in seinem Verhalten bemerken. Ihre Überzeugung, daß bald alles in die richtige Richtung laufen wird, muß für Sie selbst, wie auch für Ihr Tier stark genug sein. Sie müssen davon überzeugt sein, daß Ihr Tier rasch seinen wahren Charakter zeigen und somit ein intelligentes und respektvolles Zusammensein ermöglichen wird. Lachen Sie diese Tiere nicht aus und erwecken Sie auch nicht den Anschein, ihren Wert gering zu achten. Ist Ihnen dies doch einmal passiert, so versuchen Sie, es wiedergutzumachen. Ermutigen Sie das Tier und geben Sie ihm Ihre Anerkennung! Bereiten Sie sich aber darauf vor, daß man nach einem Schritt nach vorn auch wieder zwei zurückgehen muß.

DAS CERATO-PFERD

Das Cerato-Pferd kommt direkt auf einen zu, wenn man sich ihm nähert. Es teilt oft und regelmäßig 'Stüber' aus und verlangt selbst nach 'Knuffen'. Sie müssen ihm wirklich immer wieder sagen, wie lieb Sie es haben und wie nett Sie es finden.

Die Pferde von der Weide zu holen, um sie zu putzen, geht meistens problemlos. Das einzig Lästige können die steten Bitten um Beachtung sein. Achten Sie darauf, daß Sie dem Pferd Ihre ungeteilte Aufmerksamkeit schenken! Es ist so einfach im Umgang, daß Sie leicht dazu neigen könnten, das Pferd mehr oder weniger gleichgültig zu behandeln.

Abgesehen davon, daß eine routineartige Behandlung auch sonst keinem Tier guttut, ist sie für ein Cerato-Pferd sogar ausgesprochen schädlich. Es wird daraus schließen, daß es für Sie nicht wichtig genug ist, um Ihrer vollen Aufmerksamkeit würdig zu sein.

Es ist eine besondere Kunst, mit diesen Pferden zu arbeiten, da sie so wenig Selbstvertrauen besitzen und deshalb oft ungewollt Dummheiten anstellen. Verärgert Sie das und lassen Sie sich dazu hinreißen, das Tier auf herabsetzende Weise zu behandeln, so vergrößert sich das Problem, und weder Sie noch das Pferd werden an der gemeinsamen Arbeit noch Vergnügen finden.

Bleiben Sie ganz ruhig, wenn das Pferd etwas Dummes anstellt! Sagen Sie ihm, daß es Unsinn angestellt habe und daß es das doch viel besser wissen müsse! Werden Sie nicht böse oder ungeduldig, denn das bewirkt das Gegenteil! Überzeugen Sie das Pferd mit aller Zuversicht davon, daß es sich sehr wohl anders verhalten könnte.
Ein Ausritt mit einem Cerato-Pferd ist ein echter Festzug, wenn das Pferd in einer Gruppe von anderen Pferden mitgehen kann und nicht die Führung übernehmen muß. Es erschrickt fast nie vor etwas, und wird auch nicht durchbrennen. Passen Sie jedoch auf, wenn es allein weitergehen soll oder, aus welchem Grund auch immer, die Führung übernehmen muß. Dann wird es ein unberechenbares Stück Dynamit, das für kaum eine Hilfe mehr empfänglich ist. Ich sage bewußt 'kaum', denn ganz ungehorsam wird das Cerato-Pferd nie. In seiner Angst und Unsicherheit sieht es in Ihrer Hilfe doch eine Unterstützung, der es sich anvertrauen kann. Also keine Panik! Letztendlich hört es schon, doch kostet es Zeit und Mühe.
Auch hier gilt der Rat, während der ersten Wochen, in denen Sie dem Pferd die Blütenessenz verabreichen, keine schwierigen Aufgaben mit ihm zu trainieren.
Auf der Weide legen die Cerato-Pferde mit etwas weniger Verspieltheit ein echtes Fohlen-Verhalten an den Tag. Sie laufen gern gemeinsam mit den Herdentieren und halten ihre Nüstern auf Flankenhöhe des Nachbarn. Nur selten entfernen sie sich von der Herde, und sie fangen nicht an zu grasen oder andere Initiativen zu ergreifen, bevor sie nicht die ausdrückliche „Zustimmung“ eines Herdenmitgliedes bekommen haben. Ohne Herde sind diese Pferde todunglücklich. Können Sie ein solches Tier nicht im Herdenverband halten, versuchen Sie ihm mit einer Ziege, notfalls auch mit einem Hamster, Gesellschaft zu geben. Diese Pferde benötigen den Kontakt zu einem Gefährten.

DER CERATO-HUND

Der Cerato-Hund ist ein liebes, anhängliches Tier, das gern Ihre Gesellschaft sucht und stets durch Lecken oder Schwanzwedeln „nachfragt“, ob Sie es noch lieb haben. Auch wenn Sie ihm dies schon vor einer Minute gesagt haben, möchte es das Tier noch ein weiteres Mal hören. Macht Sie dies schließlich ungeduldig und verweisen Sie den Hund auf seinen Platz, fühlt er sich wahrscheinlich verletzt. Eines schließt er daraus bestimmt, nämlich daß Sie ihn nicht lieb haben.

Machen Sie mit Ihrer Familie einen Waldspaziergang, so zerreißt es den Hund vor Zweifeln: Auf wen muß er nun hören? Auf das Herrchen, auf die Kinder, auf alle, aber wie nur ...?

Dem Tier kommt es nicht in den Sinn, Vorkehrungen zu treffen, um dieser Schwierigkeit zu entgegenzutreten. Es empfindet z.B. nicht das Bedürfnis, sein ‘Menschenrudel’ zusammenzutreiben. Solche Initiativen passen einfach nicht zu seinem Verhalten.

Steigt die Familie ins Auto, weiß der Hund nicht, wo sein Platz ist; er legt sich mal hier und mal da hin. Das Tier ist dabei nicht eigentlich unruhig, kann aber offensichtlich nicht den richtigen Platz finden.

Zu Hause ist das Tier bereit, jedes Mal, wenn Herrchen aufsteht, mit aufzustehen, um wieder Anerkennung zu erheischen. Spielt man mit dem Hund und wirft zwei Bälle gleichzeitig weg, läuft er keinem der Bälle nach, da er sich nicht für einen entscheiden kann.

Der Cerato-Hund wird leicht für dumm gehalten, da er keine Entscheidungsfähigkeit besitzt. Passen Sie jedoch auf, das ist er nicht! Geben Sie ihm bitte auf gar keinen Fall das Gefühl – auch nicht aus Unachtsamkeit – ihn für dumm zu halten. Er fühlt dies sehr genau und wird durch ein solches Urteil seines Menschenfreundes stark in seiner Entwicklung zurückgeworfen.

So wie das Cerato-Pferd muß man auch den Cerato-Hund mit Überzeugung auf sein Selbstwertgefühl hinweisen. Dieser Hund trägt ein reiches Potential in sich, wagt es aber auf Grund von Zweifeln und wegen seiner geringen Selbstachtung nicht, diesem Ausdruck zu verleihen.

Sie können im täglichen Umgang direkt mit dem Training beginnen. Schenken Sie dem Hund viel Vertrauen und tun Sie seine Zweifel als unerheblich ab. Üben Sie das Spiel mit den zwei Bällen oder andere, ähnliche Spiele. Die Cerato-Blütenessenz läßt bald einen gestärkten Hund hervortreten, der den vollen Respekt aller Hausgenossen redlich verdient.

CERATO ALS SYMPTOM-BLÜTENESSENZ

Wenn ein Tier, das normalerweise stabil ist, plötzlich zu Selbstzweifeln neigt, kann Cerato einen Ausweg bieten.
Einem Tier, das nicht weiß, ob es dem alten oder dem neuen Besitzer gegenüber loyal sein soll, kann Cerato helfen. Auch einem Tier, das stets seine Artgenossen imitiert, obwohl Sie dies eigentlich nicht von ihm erwarten. Beispiel: Ein Cerato-Pferd, das normalerweise von Natur aus ruhig ist, übernimmt leicht die schlechten Eigenschaften seiner Stallgenossen. Hat sein Nachbar die Eigenart, stets gegen die Box zu treten, und übernimmt das sonst ruhige Cerato-Pferd diese Eigenart, so wissen Sie genau, welche Stunde geschlagen hat: nämlich die Cerato-Blütenessenzzeit!
Bei der Arbeit in der Manege wird ein Cerato-Pferd nicht zögern, sich anderen Pferden anzuschließen, wenn diese 'bockig' werden oder die Ecken 'abschneiden'. Natürlich ist dies ein normales Herdenverhalten, aber ein Cerato-Pferd müßte eigentlich viel später Widerstand zeigen oder weniger stark erschrecken, da es einen viel ruhigeren Charakter hat.

Cherry Plum

Cherry Plum ist eine Blütenessenz, deren Diagnose bei Tieren etwas schwieriger ist. Sie wird eingesetzt, wenn Tiere ständig unter Hochspannung leben und sich nicht mehr entspannen können, oder wenn sich diese Spannung plötzlich in einem beinahe hysterischen, schlechten Benehmen entlädt.

Bei Tieren ist es schwer festzustellen, ob und wenn ja, weshalb sie unter einer solchen Hochspannung stehen. Es muß sich eindeutig um einen inneren Konflikt handeln, wenn die Wahl auf die Cherry-Plum-Blütenessenz fallen soll. Schnell ist eine Verwechslung mit Agrimony möglich. Das Agrimony-Tier ist von seinem Charakter her jedoch viel fröhlicher und treuherziger als das Cherry-Plum-Tier. Ein Beispiel verdeutlicht vielleicht den Cherry-Plum-Charakter: Das Wolfsjunge, dessen Mutter erschossen wurde, wird ohne Zweifel viel vom Jäger halten, der es mitnimmt und weiter aufzieht. Es wird in ihm den Rudelersatz sehen. Alle instinktmäßigen Rudelreaktionen werden sich mit einigen Abweichungen vollkommen natürlich entwickeln, denn der Mensch ersetzt das Rudel fast vollständig. Der Instinkt gerät jedoch irgendwann mit der Realität in Konflikt, denn die innere Stimme sagt dem kleinen Wolf, daß etwas nicht ganz stimmt. Dieses schlummernde Gefühl von Unbehagen, von etwas (aber was?), das nicht völlig in Ordnung ist, kann letztendlich – manchmal erst nach Jahren – dazu führen, daß das Tier den Jäger unerwartet anfällt. Es ist auch möglich, daß das Tier beschließt, den Jäger – und damit sein 'Rudel' – zu verlassen. Dies ist ein unnatürliches Verhalten, das durch das Gefühl,

etwas stimme nicht, und dessen lange Unterdrückung hervorgerufen werden kann.
Cherry Plum ist also die Blütenessenz, die verwendet wird, wenn sich in einem Tier starke innere Spannungen aufgebaut haben, die es von Zeit zu Zeit plötzlich und mit unerwarteter Heftigkeit entlädt. In diesem Entladen liegt der Hauptunterschied zum Agrimony-Charakter, der die Spannungen zurückhält, bis sie sich in Form von physischen Problemen manifestieren. Sie sehen sicherlich, daß Cherry Plum nicht alle Probleme lösen kann, da zunächst die Ursachen für die Spannungen gefunden und mit der geeigneten Blütenessenz behandelt werden müssen.

Das Cherry-Plum-Pferd

Die Verspannungen unter denen das Cherry-Plum-Pferd leidet, zeigen sich vor allem an der Hals- und Kruppenmuskulatur. Bestimmt hat das Tier sich angepaßt, es fällt nicht lästig, und läßt sich auch nicht gehen. Versuche, das Pferd durch Reiten zu entspannen, sind oft vergeblich. Mit dem Hals tief nach unten geneigt zu gehen, scheint ein großes Problem zu sein. Selbst auf einem ruhigen Ausritt sind diese Pferde nicht in der Lage, sich zu entspannen. Sie möchten unbedingt 'versammelt' gehen, am liebsten am Zügel.
Das Cherry-Plum-Pferd findet in der Herde durchaus seinen Platz, allerdings schließt es nur schwer Freundschaften, denn sein Spannungsfeld ist zu intensiv: Die anderen Pferde dulden es selten in ihrer Nähe, da seine Spannungen für sie unangenehm sind. Es ist ein Tier, das sich manchmal auf unerwartete, ja irrationale Weise äußert.
Ein Beispiel: Ein Pferd, das in der Dressur tadellos mitarbeitet und seine Übungen täglich mit Einsatz und Intelligenz ausführt, brennt plötzlich durch und bleibt daraufhin zitternd stehen, als ob es von einem Löwen verfolgt würde.
Die Cherry-Plum-Pferde haben in erster Linie Angst vor sich selbst, vor ihren inneren Spannungen und den daraus resultierenden 'Wahnideen'. Diese Probleme kann man durch Training überwinden, wobei man am

besten ruhig und tatkräftig ans Werk geht. Versuchen Sie, Ihr Pferd in unerwarteten Situationen so wenig wie möglich zu erschrecken. Je ruhiger Sie selbst bleiben, desto eher wird das Pferd merken, daß seine Gespenster gar nicht so schlimm sind. Arbeiten Sie weiter mit der Cherry-Plum-Blütenessenz und versuchen Sie, die Ursache für dessen Angespanntheit zu finden. Es kann z.B. ein Stallgenosse sein, der das Tier ärgert, wenn niemand hinschaut, so daß es sich in der Box niemals entspannt und sich vor dem Einschlafen fürchtet. Auch eine quälende Stellung innerhalb der Herde diese Auswirkungen haben. Oftmals ist die Pferdebox geopathisch stark mit 'Erdstrahlen', wie sie im Volksmund genannt werden, belastet – wären Sie für eine solche geopathische Untersuchung offen? Steht Ihr Pferd länger als 12 Stunden pro Tag auf einem Kreuzungspunkt der Energiefelder, so resultiert daraus sehr oft ein Cherry-Plum-Verhalten.
Vermuten Sie, daß sich Ihr Pferd in einem negativen Cherry-Plum-Zustand befindet, so stallen Sie es für ein bis drei Monate in eine andere Box um, oder lassen Sie jemanden kommen, der die Energiefelder untersuchen und neutralisieren kann.

Der Cherry-Plum-Hund

Das Verhalten des Cherry-Plum-Hundes kann man sich schwer vorstellen. Heute mag er es vielleicht lustig finden, am Schwanz gezogen zu werden, morgen schon kann er dabei unbeherrscht knurren, auch können Spielkammeraden von einem Moment zum anderen zu Feinden werden.
Dieser Hund ist ängstlich, fast hysterisch. Er erschreckt bei plötzlichen Geräuschen, wobei Gewitter und Feuerwerke für ihn entsetzlich sind und das unberechenbare Verhalten auslösen. Dieses kann in bibberndem Verkriechen und Beißen bestehen, wenn jemand versucht, ihm zu helfen. Cherry-Plum-Hunde haben viel mitgemacht, was sie mit vagen Ängsten belastet und zu heftigen, teilweise aggressiven Verhaltensweisen führt. Das Schwierige an dieser Art von Ängsten ist die Unberechenbarkeit, mit der sie geäußert werden. Hunde in diesem Zustand sollten nicht zusammen mit kleinen Kindern allein gelassen werden.

Schnauzt das Tier jemanden an (oder fällt es womöglich jemanden an), so muß Ihre Reaktion eindeutig sein: „Das darf nicht passieren! Hör auf mit dem hysterischen Verhalten und hör mir zu!“ (aus dem Innersten heraus). Schauen Sie dem Hund gerade in die Augen! Passen Sie auf ein Schnappen seinerseits auf und zwingen Sie ihn so, seine Aufmerksamkeit, die auf seine inneren Gespenster gerichtet sind, auf die von Ihnen ausgehende Ruhe zu lenken! Je weniger Zeit Sie nach Beginn des Anfalles verstreichen lassen, desto leichter können Sie die Aufmerksamkeit des Hundes gewinnen. Der Anfall steigert sich nämlich in Sekunden zur Hysterie. Zu Beginn fürchtet sich der Hund vor dem Ausbruch seiner Angst. Dann bekommt er Angst vor dem Zustand, den er verursacht hat, und so entsteht eine Kettenreaktion. Beugen Sie dem vor!

Hunden mit zu wenig Cherry-Plum-Energie sollte nicht nur mit der Blütenessenz und einem klaren Umgang geholfen werden, sondern man muß auch die Ursache der inneren Spannungen herausfinden. Schauen Sie sich nochmals den Absatz ‘Das soziale Muster bei Hunden’ an, wenn Sie im Lebenslauf Ihres Hundes keinen Anhaltspunkt finden können!

Chestnut Bud

Es gibt Menschen und Tiere, die wir ohne weiteres unbelehrbar nennen können, da sie stets aus unerklärlichen Gründen in die selben Fehler verfallen. Es scheint, als ob alle Lebenserfahrungen vergeblich gewesen wären, im Meer versunken und dem Entwicklungsprozeß nicht förderlich. Chestnut-Bud-Tiere sind keineswegs dumm, sondern sogar sehr wißbegierig. Sie wollen alles kennenlernen und sind für allerlei neue Dinge offen; sie bemühen sich ernsthaft darum. Befremdlich ist nur, daß sie nichts daraus zu lernen scheinen. Jeder, ob Mensch oder Tier, hat bestimmte Lektionen mehrmals nötig, bis sie ihm im Gedächtnis bleiben. Bei dem einen geht es schneller als bei dem anderen, irgendwann wird das Gelernte zum festen Erinnerungsbesitz: nicht jedoch beim Chestnut-Bud-Typus!

In seinem Alltagsverhalten erscheint er wie das ewige Kind: immer neugierig, immer voller Energie, aber ja nichts von all dem behalten wollen. Stets neue Spiele spielen, neue Herausforderungen suchen; sich schnell über das Gegebene langweilen, ohne es wirklich gemeistert zu haben (nicht mit Wild Oat zu verwechseln). Tiere mit der negativen Chestnut-Bud-Energie sind mit allen Talenten versehen, schaffen es jedoch nicht, sich auf etwas Bestimmtes aus der großen Auswahl der Herrlichkeiten des Lebens zu konzentrieren.

Das Chestnut-Bud-Pferd

Das Chestnut-Bud-Pferd ist ein äußerst einnehmendes Tier. Es ist Menschen gegenüber neugierig und möchte wissen, was sie ihm bieten können: Freundschaft, Spiele oder neue Erfahrungen. Und es kann es fast nicht erwarten, all dies zu erleben. Das Pferd ist beim Putzen ziemlich ungeduldig. Nicht weil ihm das Geputztwerden nicht gefällt, aber als Chestnut-Bud-Pferd weiß es bereits nach kurzer Zeit, was es dabei zu erwarten hat, und es möchte nun etwas anderes erleben.

Die Mähne und den Schwanz geflochten zu bekommen, ist beim ersten Mal lustig, aber wenn sich dieses Spiel regelmäßig wiederholt, erscheint es dem Tier als eine unerträgliche Routinehandlung.

Dasselbe gilt für die Arbeit. Es beginnt frisch und munter, meidet aber jegliche Routine. Die Kunst besteht darin, diesen Pferden regelmäßig wiederkehrende Übungen in einer leicht abgewandelten Version zu präsentieren. Üben Sie z.B. eine Drehung um die Vorhand, dann sollten Sie stets eine neue Stelle aussuchen, um anzuhalten. Bei Sprungübungen wechseln Sie schneller und häufiger das Abspringen mit der linken oder der rechten Hand, als Sie es bei einem anderen Pferd tun würden.

Dieser Pferde-Typus wird sicherlich niemals ein anderes Pferd imitieren, es sei denn, es geschähe einfach aus purer Neugierde ein einziges Mal. Ihm Dinge durch ein anderes Pferd beibringen zu wollen, ist ziemlich aussichtslos.

Auf der Weide ist das Chestnut-Bud-Pferd ein echter Tollpatsch: Daß das Berühren des elektrischen Drahtes eine schreckliche Erfahrung ist, dringt anscheinend nicht bis zu ihm durch. Immer wieder probiert es, die Grasbüschel auf der anderen Seite des Drahtes zu erreichen, stets bekommt es einen elektrischen Schlag. Davon erschrickt es merklich, und es empfindet dies als ziemlich lästig. Doch etwas später versucht es erneut, an die leckeren Grasbüschel heranzukommen.

In seinen sozialen Kontakten erkennt man dasselbe Muster: Da es so neugierig ist und gern etwas Neues ausprobiert, versucht es auch, neue soziale Kontakte zu knüpfen und untersucht die hierarchischen Beziehungen innerhalb der Herde. Dies hat zur Folge, daß es einen Rüffel des

Leithengstes einstecken muß (denn vorläufig wird es kein Leittier werden). Trotzdem versucht es dies immer wieder, fast wie ein Fohlen, obwohl man dieses Verhalten eher bei älteren Tieren als bei Fohlen beobachten kann. Fohlen lernen nämlich in der Regel aus ihren Fehlern, was einen Teil ihres Selbsterhaltungstriebes ausmacht.

Der negative Chestnut-Bud-Zustand entsteht häufig erst im höheren Lebensalter als Folge der 'Abstumpfung', die durch die heutige Pferdehaltung hervorgerufen wird.

Die Arbeitsmethode muß bei diesen Tieren nicht speziell gewählt werden. Versuchen Sie einfach, die Routineübungen stets durch minimale Veränderungen zu variieren. Das Pferd kann aus der Chestnut-Bud-Blütenessenz viel Nutzen ziehen.

Der Chestnut-Bud-Hund

Der Chestnut-Bud-Hund springt immer wieder auf die Bank, obwohl er weiß, daß er das gar nicht darf und dafür bestraft wird. Strafe ist für ihn ohnehin furchtbar, denn er möchte doch gern Ihr Freund sein, aber nun ja, die Bank war einfach zu verführerisch. Mit dem Herumkauen auf Schuhen geht es ihm ähnlich: Er kann es nicht lassen, obwohl er sehr wohl weiß, daß er das nicht darf.

Es ist nicht unproblematisch, einen Chestnut-Bud-Hund ohne Leine mit nach draußen zu nehmen, denn da er oft 'kindlich' und impulsiv handelt, kann es passieren, daß er plötzlich auf die Straße läuft.

Die Schwierigkeit bei der Erziehung von Chestnut-Bud-Hunden besteht darin, daß sie rührend lieb und lebenslustig sind. Ihre sich oft und plötzlich zeigende Ungezogenheit hat wenig mit echter Bosheit zu tun. Das erschwert oft die angemessene Reaktion auf ein Vergehen. Eine Sache ist jedoch klar: Zieht das Tier nicht selbst seine Grenzen, müssen Sie es tun, denn es darf nicht erlaubt werden, daß es stets seine Fehler wiederholt. Der Hund muß also merken, daß Sie über sein Benehmen ungehalten sind. Für den Chestnut-Bud-Hund ist es wichtig, daß Sie ihm zu verstehen zu geben: bis hierher und nicht weiter!

Versuchen Sie den Fehlern, die der Hund machen könnte, zuvorzukommen ohne ihn jedoch in seiner Freiheit zu beschneiden. Räumen Sie also die Schuhe weg, die er so gerne zerkaut, und vereiteln Sie mit einem warnenden Wort den Sprung auf die verbotene Bank!
Das Tier wird aus der Chestnut-Bud-Blütenessenz viel Nutzen ziehen.

Chestnut Bud als Symptom-Blütenessenz

Verabreichen Sie die Chestnut-Bud-Blütenessenz in allen Situationen, in denen der Lernprozeß unterbrochen ist. Tiere können nach einem Schock oder wegen einer Krankheit manchmal nicht mehr zu ihrem gesunden Leben zurückfinden und bleiben dann in ihrem krankheitsbedingten Verhalten gefangen. Die Chestnut-Bud-Blütenessenz wird ihnen helfen.
Dabei spielt es keine besondere Rolle, ob Sie in der Lage sind, den Mangel an Chestnut-Bud-Energie zu lokalisieren. Wenn Sie feststellen, daß Ihr Tier nicht aus seinen Fehlern lernt, obwohl es neugierig und lernwillig ist, dann ist diese Blütenessenz angezeigt. Sie kann einen Ausweg darstellen, unabhängig davon, ob die Lernblockade im Kontakt mit Artgenossen oder in der Beziehung zu Ihnen als Freund oder Leiter bei der Arbeit auftritt.
Achten Sie nur darauf, daß Sie das Verhalten nicht mit dem eines langsam lernenden Tieres verwechseln, das einfach mehr Unterrichtsstunden nötig hat als andere! Es existiert ein deutlicher Unterschied.

Chicory

Das Chicory-Tier ist meistens intelligent und besitzt einen deutlichen Geltungsdrang, besonders in Bezug auf die Sorge um andere. Es handelt sich um Tiere, die ihre Jungen lange bemuttern – meistens in einer übertriebenen Art und Weise. Sind keine Jungen zur Stelle, so suchen sie sich ein anderes 'Opfer', das sie übertrieben bemuttern.
Chicory-Tiere sind oft sehr eifersüchtig und brauchen viel Aufmerksamkeit. Sie möchten als erste gestreichelt und begrüßt werden und akzeptieren es nur schwer, nicht regelmäßig die volle Aufmerksamkeit zu genießen. Diese Tiere lassen sich mit Komplimenten und einem beeindruckenden Aufmerksamkeitsbeweis recht einfach 'leimen'.
Der Chicory-Typus entwickelt, um sich ausreichend viel Aufmerksamkeit zu sichern, sehr leicht Krankheitssymptome. Es sind intelligente Tiere, die die Kunst der Manipulation wie kein anderes Tier sonst zu beherrschen scheinen.
Im negativen Chicory-Zustand sind diese Tiere oft richtig unglücklich, weshalb sie dann auch unsere direkte Aufmerksamkeit und Unterstützung benötigen. Bekommen sie diese Hilfe, unter anderem in Form der Blütenessenz, so ist das Resultat oftmals verblüffend, und es entwickelt sich ein sehr liebes, fürsorgliches und mütterliches Tier, in dessen Wärme und Liebe wir ausgiebig schwelgen können.
Es lohnt bestimmt die Mühe, dem Tier viel Liebe und Sorge zukommen zu lassen, obwohl es uns im negativen Chicory-Zustand eigentlich eher abstößt und bestimmt nicht dazu animiert.

Das Chicory-Pferd

Die Chicory-Stute wird schnell wegen ihrer Intelligenz und ihrem Bedürfnis, die anderen zu bemuttern, zur Leitstute erkoren, was allerdings nicht zum Vorteil der Herde gereicht, da dieses Pferd wenig vorausblickend ist. Es beschäftigt sich viel mehr damit, die sozialen Beziehungen innerhalb der Herde nach seinem Geschmack zu ordnen, als seine Weisheit für das physische Wohlergehen der Herde einzusetzen, was eigentlich im Vordergrund stehen sollte. Eine solche Stute wird nicht lange die Leitstute bleiben. Sie wird nach ein oder zwei Jahren abgesetzt und sich in der Folgezeit mit der Ordnung unter den einjährigen Pferden beschäftigen. Der Chicory-Hengst kann im Vergleich zur Stute länger seine Position als Leittier behalten, obwohl in seiner Herde nur wenig Harmonie herrschen wird. Er ist stark damit beschäftigt, jedem einzelnen Tier seinen Willen aufzuzwingen, und es wird sich innerhalb der Herde nicht so schnell ein Tier finden, das sich gegen ihn auflehnt.

Im Stall sind die Chicory-Pferde Menschen gegenüber offen, jedoch stets mit gewissen Vorbehalten: „Ich möchte dich wohl begrüßen, aber ich erwarte auch, daß ich etwas Leckeres bekomme“. Sie lassen sich willig, jedoch nicht entspannt, putzen. Anscheinend legen sie Wert auf ein gepflegtes Äußeres, aber das Arbeiten an ihrem Körper empfinden sie als irritierend.

Diese Pferde können sehr stolz sein, insbesondere dann, wenn man ihnen ausführlich ‘erzählt’, wie schön sie sind.

Bei der Arbeit kommt dieselbe Haltung zum Vorschein: „Ich möchte schon für dich arbeiten, aber ich halte das nicht für selbstverständlich. Es ist eher eine Gunst, die ich dir erweise“. Die Pferde sind nicht wirklich arrogant, obwohl sie stets Beachtung suchen und sich deshalb auf manches Tauschgeschäft einlassen, bei dem sie klug vorgehen.

Beim Umgang mit diesen Pferden müssen Sie gut darauf achten, sich nicht manipulieren zu lassen. Ein Tier, das Sie nur im Tausch gegen eine Möhre begrüßt, hat dann einfach Pech gehabt, denn auf eine solche Begrüßung können Sie verzichten. Geben Sie ihm einmal eine Möhre, ein

andermal wieder nicht, je nach Situation, allerdings unabhängig vom Willen des Pferdes.
Bei der Arbeit gilt dasselbe: Lassen Sie sich nicht manipulieren! Eine gute Grundlage für die gemeinsame Arbeit ist dann geschaffen, wenn Sie bereit sind, Ihr Pferd zu schätzen und zu respektieren. Lassen Sie sich nicht auf das Tauschgeschäft ein, alles großzügig zu belohnen und das Tier für alles extra zu loben, sondern belohnen und loben Sie das Pferd wie die anderen auch. Ist das Tier damit unzufrieden? Schade, dann ist das Tier eben unzufrieden. Bleiben Sie aufrichtig und lassen Sie sich nicht durch sein Verhalten irritieren. Belohnen Sie es ruhig weniger als es erwartet.

Der Chicory-Hund

Der Chicory-Hund ist sehr besitzergreifend. Er betrachtet z.B. seine Hausgenossen gern als seinen Besitz und erwartet auch mehr oder weniger, daß diese sich entsprechend verhalten. Besitzt dieser Hund einen Nageknochen oder ein Spielzeug, so ist es ganz undenkbar, daß jemand anderes damit spielen darf. Der Hund ist schon bereit, mit einem Hausgenossen zu spielen, doch sollte dieser das auch außerordentlich hoch zu schätzen wissen.
Für den Hund ist es kein Problem, zu gehorchen, denn er wünscht sich Ihr Lob. Bleibt dieses Lob seiner Meinung nach zu oft aus, oder wird es nicht enthusiastisch genug übermittelt, dann werden Sie das nächste Mal darauf warten müssen, daß der Hund Ihnen Gehör schenkt.
Der Chicory-Hund verträgt es nicht gut, wenn Sie mit einem Hausgenossen oder einem anderen Tier balgen. Seine übliche Reaktion darauf besteht darin, nervös um Aufmerksamkeit zu betteln, umherzuspringen, zu bellen oder gar zu knurren.
Immer mehr Anerkennung zu erbitten, nicht auf eine unterwürfige, versklavte Art, sondern eher in hochherziger Weise: das ist der Chicory-Hund. Unterstützen Sie diesen Hund mit der Bach-Blütenessenz, werden Sie schnell ein Ergebnis erzielen und es mit einem prächtigen 'Muttertier' zu tun bekommen, das sich vorbildlich um seine Welpen

kümmert und ihnen eine gesunde Versorgung und Erziehung zuteil werden läßt.
Im positiven Chicory-Zustand ist das Tier warmherzig, mütterlich, liebevoll und verbreitet eine Athmosphäre der Freude und Geborgenheit um sich herum.

Chicory als Symptom-Blütenessenz

Chicory kann in Situationen, in denen es durch den Wechsel von Lebensgefährten zu 'Eifersüchteleien' kommt, einen Ausweg bieten. Auch dann, wenn durch hysterisches Verhalten oder durch Krankheitssymptome, die offensichlich nur dazu dienen, Aufmerksamkeit zu erzielen, Bestätigung 'eingeklagt' wird, bietet die Chicory-Blütenessenz Hilfe.
Die Chicory-Blütenessenz hilft in einem sehr deutlich erkennbaren Zustand: der Eifersucht. Sobald diese zu heftig wird oder zu lange andauert, länger als für die Situation angemessen, stellt die Blütenessenz eine hervorragende Hilfe dar. (Nicht zu verwechseln mit dem Holly-Eifersuchtszustand, bei dem die Eifersucht sich nicht nur auf die Lebensgefährten, sondern auf alles bezieht. Die Holly-Eifersucht ist nicht auf soziale Beziehungen gerichtet, sondern sie geht weiter und tiefer.)
Chicory eignet sich besonders gut als Unterstützung, wenn ein neues (oft junges und rührendes) Tier in die Lebensumgebung gebracht wird. Das rechtzeitige Verabreichen der Blütenessenz – möglichst bevor das Betragen des Tieres gegenüber dem Neuling unerträglich wird – kann dabei helfen, die Eifersucht nicht zu heftig werden zu lassen, so daß die Probleme mit diesem Tier in dieser Situation nicht überhandnehmen.

Clematis

Die Clematis-Blütenessenz kann eine gute Hilfe für träumerische, abwesende Tiere sein. Oft sind es Tiere, die sich zwar nicht weigern, aktiv Anforderungen anzunehmen, die es jedoch angenehmer finden, zurückgezogen zu leben. Sie werden auch merken, daß diese Tiere kein großes Bedürfnis nach Kontakt zu ihren Artgenossen haben und einfach allein bleiben möchten. Diese Eigenschaften scheinen so, als ob wir nichts an ihnen zu ändern bräuchten. Nimmt der Mangel an Clematis-Energie allerdings ein solches Ausmaß an, daß es Anstrengung kostet, das Tier zur Konzentration zu bewegen, dann entstehen Verkrampfungen. Bedenken wir doch, daß die Interaktion mit dem Tier sehr wichtig ist.

Sie ist es gerade, die den Großteil der Freude beim Umgang mit dem Tier ausmacht. Wenn wir von der sportlichen Leistung sprechen, ist es gewiß diese partnerschaftliche Beziehung, die ein stark leistungsfähiges Pferd zum Sieger macht. Ohne eine gute Interaktion mit dem Chef/Reiter gelingt dies nicht.

Die Interaktion, die Bereitschaft, die Kommunikationskanäle zu öffnen, ist oftmals beim Clematis-Typus nicht vorhanden, und darauf richten wir nun unsere Aufmerksamkeit.

Ein guter Beginn ist die Bitte um die Bereitschaft zur Zusammenarbeit. Akzeptieren Sie nicht, daß das Tier Gehör erbittet, daß es vor sich hinträumend ins Nichts starrt. Ein freundlicher, aber entschlossener Verweis ist der Anfang. Vor allem muß die Bereitschaft, mental bewußt anwesend zu sein, auch für das Tier interessant sein, nicht etwa eine schlimme

Übung oder 'dummes' Getue. Das Tier muß sich in einer positiven Stimmung von Spaß und Fröhlichkeit wohlfühlen können.
Clematis-Tiere sind oft sehr kreativ. Sie werden sich über ihre Ausdauer und ihren Einfallsreichtum wundern, wenn sie sich einmal etwas in den Kopf gesetzt haben (z.B. ein Gitter oder eine Tür zu öffnen). Diese Charaktereigenschaft ist ein prächtiger Anknüpfungspunkt für die gemeinsame Arbeit mit dem Tier. Suchen Sie als erstes den Kontakt und etwas, das das Tier als wichtig empfindet, und genießen Sie danach die völlige Hingabe, mit der sich das Tier auf die betreffende Aufgabe stürzt!

DAS CLEMATIS-PFERD

Das Clematis-Pferd macht einen verträumten Eindruck; das Leben im Stall oder in der Herde scheint an ihm vorbeizuziehen. Es ist, als verweile es ständig in Träumen von warmen, grünen Weiden voller Kamille, Klee und anderen Herrlichkeiten. Unzufrieden ist es in seiner Zurückgezogenheit nicht; wenn es nach ihm ginge, könnten wir es gerne dort lassen. Auf Dauer wird das Pferd jedoch unzufrieden werden, da es merkt, daß wir nicht zufrieden sind, denn wir suchen immer wieder Kontakt. Bekommen wir diesen wegen der geistigen Abwesenheit des Tieres nicht, hört die Kommunikation an diesem Punkt letztendlich auf. Die entstehende negative Ausstrahlung nimmt das Tier mit Schrecken wahr, wodurch es totunglücklich wird.
Ein Clematis-Pferd muß anscheinend zur erneuten Kontaktaufnahme stimuliert werden. Sprechen Sie mit dem Pferd, wenn Sie auf die Weide gehen oder in den Stall kommen und suchen Sie Augenkontakt! Dreht das Pferd den Kopf weg, bis Sie aus seinem Blickfeld sind, so korrigieren Sie dies mit einem freundlichen, aber deutlichen Druck mit der Hand. Wenn Sie das Pferd putzen, sollten Sie ständig etwas reden, wobei es keine Rolle spielt, was Sie ihm erzählen; dabei ist es wichtig, stets auf seine Reaktion zu achten.
Beispiel: „Ich habe eben doch wahrhaftig ein merkwürdiges Auto gesehen. Es war in allen möglichen Farben gesprenkelt und sah aus wie ein Chamä-

leon. Was hältst du davon, Pferd, hast du schon mal ein Chamäleon als Auto gesehen? Was denkst du? Sag doch was! Möchtest du so etwas nicht auch gerne mal sehen? Sollen wir gleich draußen so etwas suchen?" u.s.w. Indem Sie das Pferd mit Fragen explizit in den Kommunikationsprozeß einbeziehen, zwingen Sie sich selbst dazu, unbewußt einen besseren und intensiveren Kontakt aufzubauen. Bei der Arbeit sind die Clematis-Pferde oftmals etwas abwesend. Es scheint, als ob die Hilfen nur langsam oder überhaupt nicht in ihr Bewußtsein gelangen. Das ist auch nicht nötig. Sie können bitten oder freundlich fordern, damit das Pferd bei der Lektion bleibt. Meistens ist Ihre Stimme hierfür das angemessene Mittel. Wenn es nötig wird, kann auch ein leichtes Kitzeln mit der Peitsche sinnvoll sein. Ein wirklicher Peitschenschlag richtet meist mehr Schaden an, als er guttut, vor allem, da Clematis-Pferde zart besaitet sind und überhaupt nicht verstehen, womit sie eine solche Behandlung verdient haben könnten.

DER CLEMATIS-HUND

Der Clematis-Hund schläft gern und viel und ist ein herrlicher Träumer. Dabei liegt er zufrieden mit dem Kopf auf den Pfoten an seinem Platz und schaut endlos vor sich hin. Er benötigt wenig Aufmerksamkeit. Es kann sogar sein, daß er, falls Sie vergessen sollten, ihm sein Futter zu geben, nicht einmal darum bittet.

Er ist ein leicht erziehbarer Hund. Es kann jedoch sein, daß aufgrund seiner Träumerei ein Befehl nicht bis zu ihm durchdringt. Fasziniert ihn etwas ganz besonders, ein Stock, ein Stiefel oder ein Kaninchenbau, kann seine Aufmerksamkeit derart gefesselt sein, daß ihn Ihre Anweisungen überhaupt nicht mehr erreichen. Der apathische Charakterzug des Clematis-Hundes wirkt dann wie weggeblasen, und er kann fanatisch ans Werk gehen. Wie besessen bleibt er auf der Suche nach dem törichten Kaninchen, das er doch riecht, aber nicht sieht.

Es sind also keine teilnahmslosen Hunde. Es dauert einfach etwas länger, bis ihr Interesse geweckt ist. Ist dies geschehen, sind sie in ihrem kreativen Unternehmungsdrang nicht mehr zu bremsen. So ist es möglich, aus welchem Grund auch immer, daß eine geschlossene Tür ganz plötzlich das Interesse des Clematis-Hundes weckt, und er kann sich Stunden, ja sogar Tage damit beschäftigen, wie diese Tür zu öffnen ist. Finden Sie einen Trick, wie Sie die Aufmerksamkeit des Hundes zum richtigen Zeitpunkt auf sich ziehen können, so ist dies Tier sehr gut für Hundegeschicklichkeitssportarten geeignet. Die Clematis-Blütenessenz hilft den letzten Rest an unerwünschter mentaler Abwesenheit zu beseitigen, und so die Kreativität des zu Hundes stimulieren.

Clematis als Symptom-Blütenessenz

In all den Fällen, in denen ein Tier der Realität ein bißchen entflieht, wo es sich dem täglichen Gang der Dinge entzieht, oder wo sein Interesse an der Arbeit oder am Menschenfreund nur mit Mühe geweckt werden kann, ist Clematis die geeignete Blütenessenz. Tiere, und vor allem Pferde, zeigen dieses Verhalten besonders nach Umzügen, oder wenn sie oft den Besitzer gewechselt haben. Auch Mißhandlungen, gegen die sich das Tier nicht wehren konnte, ziehen diese Art der träumerischen Abwesenheit nach sich. Das Tier flüchtet wirklich in eine andere Welt. Helfen Sie ihm, wieder daraus zu entkommen! Denn sowohl Hunde wie auch Pferde sind soziale Tiere und verkümmern letztendlich in ihrer einsamen Fluchtwelt. Ein langer Aufenthalt in einer – abgeschlossenen – Box oder in einem Hundezwinger kann ebenfalls zu diesem Verhalten führen. Mit der Clematis-Blütenessenz erzielt man sehr gute Ergebnisse.
Ziehen Sie jedoch nicht vorschnell die Schlußfolgerung, daß Clematis benötigt wird, denn es ist sicher gesund, sich ab und zu zurückzuziehen. Jedes Lebewesen hat von Zeit zu Zeit ein Bedürfnis und auch ein Recht dazu. Diesem Bedürfnis sollte jedoch nicht zu lange oder zu oft nachgegeben werden, und es sollte sich daraus auch kein Dauerzustand entwikkeln. Wenn das Tier in Bewegung ist, in den Stall oder ins Haus kommt, dann sollte sein Verhalten aufmerksam und wachsam sein.

CRAB APPLE

Das Crab-Apple-Tier ist besonders auf Ordnung und Regelmäßigkeit bedacht. Auch ist ihm eine schöne Umgebung lebensnotwendig. Schon der Wechsel des Schlafplatzes oder der Box kann von diesen Tieren als sehr störend empfunden werden.
Sie sind gerne bereit, für den Menschen hart zu arbeiten. Ist ihr Herr/ Reiter jedoch eine Art 'fröhlicher Chaot', irritiert dies das Tier, und es verliert rasch seine Orientierung. Eine deutliche Leinenführung ist für Crab-Apple-Tiere eine Lebensstütze. Jemand, der jeden Tag ein anderes Muster verfolgt, so liebevoll und fröhlich er auch sein mag, löst bei diesem Tier nur Bestürzung und Verwirrung aus.
Crab-Apple-Tiere sollten Sie selten oder nie vor Überraschungen stellen, denn ihr Bedürfnis nach Regelmäßigkeit ist groß. Auch ihr Verhalten läuft stets routinemäßig ab. Überraschungen entstehen eigentlich erst, wenn der Besitzer sein Verhalten wechselt. Dann weiß das Tier – das gezwungen ist, sich anzupassen – keinen anderen Ausweg mehr und beginnt, die unmöglichsten Dinge zu tun.
Das Crab-Apple-Tier kann man fast als traumatisiert bezeichnen, wenn es um seine festen Muster geht. Übertriebene Reaktionen auf die kleinste Lebensveränderung ist oft ein deutliches Anzeichen dafür, daß wir es mit einem Crab-Apple-Typus zu tun haben.
Diese Reaktion liegt übrigens nicht in der Angst begründet. Das Tier fürchtet sich nicht vor dem Neuen, sondern findet es nur höchst lästig, in der Abfolge der täglichen Beschäftigungen etwas Neuem Raum zu schaffen.

Das Crab-Apple-Pferd

Das Crab-Apple-Pferd ist ein wunderbares Arbeitstier. Es geht gern mit Ihnen an die Arbeit und möchte neue Dinge lernen, allerdings nur, nachdem alle festen täglichen Aufgaben erledigt sind.

Es ist ein Tier, das sehr viel Wert auf sein Äußeres legt und sich liebend gern von Ihnen putzen läßt, nicht wegen des Genusses, den ihm die Berührung verschafft und wegen der dabei empfundenen Zuwendung, sondern da es dadurch ein schönes Fell, ein glänzende Mähne und einen Schwanz ohne Kletten bekommt. Ist seine Box schmutzig, wenn es von der Arbeit kommt, ist damit zu rechnen, daß das Pferd nur sehr ungern hineingeht, wohingegen es problemlos eine saubere Box betritt. Ein Crab-Apple-Pferd würde auch immer in derselben Ecke der Box oder, wenn Sie ihm dafür die Gelegenheit geben, der Manege, seine Pferdeäpfel fallen lassen, nie in der Mitte.

Auch als Weidengänger ist es ein ideales Pferd. Die Weide bleibt nämlich schön sauber, da die Pferdeäpfel immer nur an ein- und derselben Stelle fallen gelassen werden.

Übrigens wird das Pferd beim Grasen genügend Gras um die Pferdeäpfel eines anderen Pferdes herum stehen lassen. Es würde eher verhungern, als dort zu grasen.

Das Crab-Apple-Pferd ist auch beim Futter im Stall sehr wählerisch. Neues Futter wird sofort einer genauesten Untersuchung unterzogen. Nur wenn Sie Glück haben, probiert das Pferd davon. Wahrscheinlicher ist es jedoch, daß dies ein paar Tage dauern wird.

Wasser sollte nach Wunsch glasklar sein; wenn die Möglichkeit besteht, wird das Heu gern ins Wasser getunkt (abgestaubt).

Der Crab-Apple-Hund

Der Crab-Apple-Hund ist wunderschön und nimmt sich zur Pflege seines Felles viel Zeit. Draußen beim Spielen macht sich der Hund nicht so

schmutzig wie andere Hunde, und er verabscheut es, von moderigen Pfützen oder ähnlichem naßgespritzt zu werden.
Sind Schlafplatz oder Futternapf schmutzig, wird er sie wahrscheinlich nicht mehr benutzen.
Die Erziehung dieses Hundes verläuft problemlos, falls sie logisch und sinnvoll strukturiert wird. Ein wenig Wechselhaftigkeit, und Sie bekommen mit dem Crab-Apple-Hund Probleme. Er beginnt dann, seine eigene Struktur zu suchen und wird sich weigern, sich noch länger auf einen so 'wahnsinnigen Chaoten' wie Sie einzulassen.
Solange Sie erkennen, daß der Hund ein festes Handlungsmuster und Aktionspunkte benötigt, ist kein Wölkchen am Himmel. Nimmt dieses Bedürfnis jedoch traumatische Formen an, wird es Zeit, mit der Crab-Apple-Blütenessenz einzugreifen und den Hund deutlich in der Art wie: „Schade, daß du dies jetzt nicht willst, aber wir tun es nun doch, ich bin ja bei dir; dir wird schon nichts geschehen und du wirst sicherlich davon nicht sterben ..." zu unterstützen.

Crab Apple als Symptom-Blütenessenz

Sehr oft kann diese Blütenessenz zur allgemeinen Reinigung auf mentaler sowie auf physischer Ebene eingesetzt werden. Während und vor allem nach einer Krankheit, nach allopathischer Medikation und anderen Arten von physischer Verunreinigung ist dies eine geeignete Blütenessenz.
Ein zeitweise verwahrlostes Tier, mit schlechtem Obdach oder schlecht versorgtem Fell, kann aus der Crab-Apple-Blütenessenz viel Nutzen ziehen.
Crab Apple kann auch als 'Katalysator' für andere Blütenessenzen fungieren.
Die Crab-Apple-Blütenessenz ist eine viel verwendete und gern genommene Blütenessenz, nicht zuletzt wegen ihrer vielseitigen Einsatzmöglichkeiten.

Elm

Die Elm-Blütenessenz benötigt keinen negativen Anlaß, um eingesetzt zu werden. Elm symbolisiert Kraft, die unverkennbar ist. Es handelt sich um harte, selbstsichere Arbeiter, die sich selten oder nie weigern, eine Aufgabe anzugehen. Man kann auf Elm-Typen bauen, wie auf Fels. Sie sind nicht nur physisch stark, sondern stehen Ihnen auch mental immer zur Verfügung. Nicht selten werden Sie bemerken können, daß Sie sich an - Elm-Typen anlehnen – umgekehrt ist das fast nie der Fall.
Es ist dies der Tier-Typus, dem Sie Ihr Herz ausschütten können, in der festen Überzeugung, daß Ihr Zuhörer genau versteht, was sie Ihm erzählen, daß er derselben Meinung ist wie Sie und eine Lösung für Sie finden wird (auch wenn dies in Wirklichkeit gar nicht der Fall ist. Der feste Glaube an die Fähigkeiten dieses guten Zuhörers kann oft schon Wunder bewirken).
Bei Tieren dieses Typs ist es sehr wichtig, wachsam zu bleiben. Das Tier wird Sie darauf aufmerksam machen, wenn seine Grenze erreicht ist. Dies sind wir bei diesen Tieren jedoch so wenig gewöhnt, daß wir oftmals die entsprechenden Anzeichen gar nicht bemerken. Passen Sie also gut auf, denn auch die stärksten Elm-Typen haben mal Ruhe nötig. Bekommen sie diese, können sie danach stärker als je zuvor weiterarbeiten. Wird ihnen jedoch die nötige Unterbrechung während des täglichen Arbeitsdrucks verwehrt, kann dies tiefe Depressionen mit allem damit verbundenen Elend zur Folge haben.

Das Elm-Pferd

Das Elm-Pferd ist im allgemeinen physisch wie mental kräftig. Unter den Arabern findet man viele Elm-Charaktere.

Elm-Pferde begrüßen Sie voller freundlicher Offenheit und fragen, was Sie heute für sie 'in petto' haben, wozu sie sofort bereit sind. Ist zufällig Ihre Aufmerksamkeit nicht 100%ig vorhanden? Diese Pferde nehmen es Ihnen nicht übel, sondern kommen mittels ihrer mentalen Kraft schließlich doch in Ihr Blickfeld. Aufdringlich werden sie hierbei jedoch nicht.

Die Pferde aus den wunderbaren Erzählungen über sicher nach Hause gebrachte Reiter, zurückgefundene, verirrte Herdentiere und über Tiere, die auch nach anstrengenden Arbeitstagen stets noch weiterarbeiten, sind meistens Elm-Pferde.

Das tun sie jedoch nicht immer und auch nicht für jeden. Das Elm-Pferd benötigt fürs Weiterarbeiten eine sinnvolle Motivation, wie etwa die Liebe zum Reiter oder die Sorge um Herdengenossen.

Mißbraucht man ihre große Arbeitslust, entwickeln sie langsam, aber sicher einen Widerwillen gegen die Arbeit.

Dieser Pferde-Typus ist ein besonderes Geschenk und verdient es auch, als solches behandelt zu werden. Halten Sie es so, wie es seinem Wert gebührt und pfuschen Sie nicht an ihm herum! Denn das Pferd ist gut, so wie es ist.

Sind seine Kräfte einmal verbraucht, so benötigt das Pferd die Zeit, sich kurz zurückzuziehen und neue Kräfte zu sammeln. Gönnen Sie ihm diese Zeit, denn das Pferd wird nicht ohne weiteres darum bitte. Unterstützen Sie diese Ruhephase mit der Elm-Blütenessenz, so wird das Pferd schnell wieder das alte sein. Sobald das Elm-Pferd den Eindruck macht, physisch oder geistig nicht mehr mithalten zu können, ist es Zeit für eine Erholungspause und die Elm-Blütenessenz.

Der Elm-Hund

Der Elm-Hund ist immer da. Er ist bereit Sie zu trösten, mit Ihnen zu 'reden', spazierenzugehen oder an einem Wettkampf teilzunehmen. Sie können immer auf ihn zählen. Nicht, weil er sich bei Ihnen einschmeicheln oder Sie an sich binden möchte, sondern weil er dies als seine Aufgabe ansieht, die er gut erfüllen möchte.

Elm-Hunde sind kräftig und ausgeglichen, und sie benötigen eine entsprechend gute Erziehung, um die Elm-Eigenschaften zu entfalten. Bekommen sie diese Erziehung, braucht man nichts mehr zu korrigieren. Es sind Hunde mit einem – zurecht – starken Selbstwertgefühl, die jedoch selten mit anderen Hunden einen Kampf beginnen. Das haben sie gar nicht nötig, denn auch ohne Kampf drücken sie sich schon deutlich genug aus: Sie strahlen ihre Überlegenheit ohne Arroganz sehr ruhig und unmißverständlich aus. Das ist für viele Artgenossen ein klares Zeichen, keinen Kampf zu beginnen.

Wird vom Elm-Hund zuviel verlangt, emotional und/oder physisch, kann er in eine Phase kommen, wo ihm alles zuviel wird. Er wird nervös und macht sich Sorgen darüber, daß er seine Aufgaben nicht – wie es sich gehört – erfüllen kann. Sein ganzes Verhalten drückt Unruhe aus, sowie Müdigkeit und Mutlosigkeit. Achten Sie bei Ihrem Hund auf ein solches Verhalten und gönnen Sie ihm die nötige Ruhe! Belasten Sie ihn dann nicht mit Ihren eigenen Problemen und/oder Stimmungswechseln! Falls Sie regelmäßig mit Ihrem Hund an Wettkämpfen teilnehmen, so gönnen Sie ihm eine Ruhepause.

Unterstützen Sie diese Phase mit der Elm-Blütenessenz und vielen entspannenden Spaziergängen in der Natur!

Die Elm-Blütenessenz als Symptom-Blütenessenz

Die Elm-Blütenessenz verabreicht man vornehmlich als Symptom-Blütenessenz, denn der negative Elm-Zustand besteht eigentlich nicht in struktureller Form. Er zeigt sich nur als zeitweilige Depression bei einem sonst sehr kräftigen Tier.

Elm ist eine gute Unterstützung bei einer zeitweiligen, tiefen, mentalen Erschöpfung.

Ein mißhandelter oder zu lange eingeschlossener Hund kann die negativen Elm-Symptome aufzeigen. Bei Mutlosigkeit, nach langer Krankheit oder nach einer langen Trennung von zu Hause kann Elm helfen, diesen Zustand zu überwinden.

Gentian

Gentian ist eine Blütenessenz, die bei Tieren kaum eingesetzt wird.
Das Gentian-Tier ist vom Typus her unsicher, nicht aus Mangel an Vertrauen in das eigene Können (Cerato), sondern eher, weil es den Sinn der Dinge nicht erkennt. Es sind oftmals etwas pessimistische Tiere mit folgender Ausstrahlung: „Ja gut, ich werde mitgehen, ich weiß aber jetzt schon, daß ich das nicht lustig finden werde."
Dieser Gemütszustand ist Tieren glücklicherweise eher fremd, so daß die Gentian-Blütenessenz kaum Anwendung findet. Tiere sind meist von Natur aus vom Sinn des Lebens überzeugt.

Das Gentian-Pferd

Das Gentian-Pferd läßt sich rasend schnell durch Kleinigkeiten entmutigen. Es zeigt schon im voraus, daß es wisse, irgend etwas würde schief laufen.
Wird der wahre Wert eines Pferdes immer wieder verkannt, so kann ein negativer Gentian-Zustand entstehen, so z.B. nach einem langfristigen Aufenthalt bei einem Besitzer/Reiter, der niemals ein Kompliment ausspricht, sondern nur Fehler bemängelt; oder nach einem Aufenthalt in einem Stall, wo immer nur andere Pferde als erste oder einzige Aufmerksamkeit bekamen; oder wenn das Pferd die letzte Box in einem langen Stall innehat.
Die Gentian-Pferde haben oftmals Erwartungen, die sich aus irgendwelchen Gründen nicht erfüllen: Erwartungen an das Leben, an Herdengenossen, an die Reaktion des Reiters, an die Liebkosungen des Pflegers .... Es ließen sich gewiß noch mehr aufzählen. Nähert man sich diesen Tieren, so

sollte man sie spüren lassen, daß die Welt nach einer Enttäuschung nicht untergeht.
Ein Beispiel: Sie kommen auf die Weide oder nähern sich dem Pferd in seiner Box, und es freut sich schon darauf, etwas Leckeres zum Fressen zu bekommen, denn gestern um diese Zeit gab es doch auch etwas Gutes. Haben Sie dieses mal vergessen, ihm etwas mitzubringen oder beschlossen, am heutigen Tag nichts mitzubringen, wird das Pferd sich verstimmt und tief verletzt von Ihnen abwenden. Geben Sie ihm dazu gar nicht erst die Chance und machen Sie aus der Situation einfach einen Witz! Packen Sie das Pferd kräftig an der Mähne! Geben Sie ihm einen munteren, kräftigen Knuff, wobei Sie es ein wenig neckend auslachen, da es ein solches Problem aus einer derartigen Belanglosigkeit macht!
Bei der Arbeit kann das Pferd auf ähnliche Weise durch etwas enttäuscht werden: Es beginnt die Arbeit mit einem gewissen Enthusiasmus. Geht dann etwas schief, läßt es den Kopf hängen und verliert die Energie, die nötig wäre, sich weiter einzusetzen. Lachen Sie darüber, klopfen Sie dem Pferd ausgiebig auf den Hals und sagen Sie ihm, daß das doch nichts ausmache, und daß es beim nächsten Mal bestimmt gelingen werde (sorgen Sie dafür, daß die nächste Übung auf jeden Fall so ausfällt, daß das Pferd keinen Fehler machen kann)!

DER GENTIAN-HUND

Den Gentian-Hund erkennt man leichter als das Gentian-Pferd. In Gedanken können wir uns nämlich den Bluthund vorstellen, vor allem seinen melancholisch wirkenden Kopf. Die meisten Hunde des Gentian-Typus haben von Natur aus ein normales Äußeres. Man erkennt sie daher eher an ihrem tiefgründig prüfenden Blick, der manchmal etwas hochmütig erscheinen kann, besonders dann, wenn der Besitzer übereifrig versucht, den Hund in eine positive Stimmung zu versetzen.
Wollen Sie diesem Hund etwas Neues beibringen oder mit ihm spielen, wird er bereitwillig mitmachen, allerdings nur solange, bis er findet, daß etwas schief läuft. Dann wird er sich unwillig von Ihnen abwenden und

wieder zu seinem Schlafplatz zurückkehren oder entmutigt eine Runde im Garten drehen.
Geben Sie dem Gentian-Hund nicht die Möglichkeit zu diesem Verhalten! Zwingen Sie ihn dazu, den wahren Kern der Enttäuschungen anzuerkennen und einzusehen, daß sie nicht weiter schlimm sind, so daß man danach wieder Spaß haben kann. Lassen Sie den Hund nicht vom Spiel weglaufen! Versuchen Sie das Spiel noch einmal zu beginnen. Will er partout nicht mehr mitmachen, dann nehmen Sie ihn auf den Schoß oder setzen Sie sich zu ihm auf den Boden! Geben Sie ihm einen kräftigen Knuff, den Sie dann in ein miteinander Schäkern ausdehnen! Sozial, wie dieser Hund ist, wird er dem nicht widerstehen können und letztendlich sogar lernen, daß Enttäuschungen zu etwas Gutem führen können. Achten Sie darauf, daß der Hund keine Möglichkeit erhält, sich in seinem Pessimismus bestätigt zu fühlen, indem Sie in dem Moment den Kontakt zu dem Tier abbrechen, wo dieses glaubt, etwas sei schief gelaufen. Also: Gelingt das Spiel nicht so recht und der Hund läuft Ihnen weg, dann handeln Sie wie oben beschrieben!
In Verbindung mit diesem Training kann die Gentian-Blütenessenz diesen Hunden helfen, dem Leben mehr Vertrauen entgegenzubringen und den möglichen Spaß zu erkennen.

Gentian als Symptom-Blütenessenz

Gentian kann die Funktion einer helfenden Hand übernehmen, wenn ein von Natur aus fröhliches und selbstsicheres Tier den Mut verliert und den Kopf hängen läßt. Davon können auch Springpferde betroffen sein, z.B. dann, wenn sie bei einem Training, bedingt durch physische Probleme, bei Sprüngen mehr Fehler machen als sonst.
Ein zeitweiliger Verlust an Selbstvertrauen, Lebenssinn und Unternehmenslust kann mit der Gentian Blütenessenz behandelt werden.
Ein Tier, das die Arbeit mit einem neuen Besitzer/Reiter aufnehmen muß und sich damit überhaupt nicht anfreunden will, kann in diesem Anpassungsprozeß durch Gentian unterstützt werden. Wahrscheinlich findet auch Walnut (siehe Walnut) in diesem Zusammenhang Verwendung.

GORSE

Noch stärker als Gentian ist Gorse der hoffnungslos melancholische Typ, der es unmöglich findet, sich über irgend etwas zu freuen. Tiere, die diesem Typus angehören, haben jeglichen Lebensmut verloren.
In Tierheimen findet man oft Tiere mit negativen Gorse-Energien. Sie liegen in ihrer Ecke, starren vor sich hin und lassen sich von der allgemeinen Aufregung nicht anstecken, die ringsum auszubrechen droht, sobald ein Besucher eintrifft: Bestimmt kommt dieser nicht zu ihm, das Leben hat einfach keinen Sinn mehr.
Gorse ist eine Blütenessenz für Tiere, die ohne ihren Kameraden nicht mehr weiterleben möchten, die buchstäblich den Kopf hängen lassen, und die sich weder durch leckere Happen noch durch ein liebevolles Wort aus ihrer apathischen Melancholie herausholen lassen.
Tiere, die ein Unglück erlebt haben, das sie in Angst und Schrecken versetzte, das ihnen Schmerz zufügte und eine langandauernde Bewegungsbehinderung hervorrief, geraten manchmal in den negativen Gorse-Zustand. Dies ist für ein Tier ein sehr unnatürlicher Zustand; es muß viel mit ihm oder um es herum geschehen sein, bevor es in diesen Zustand kommt.
Das Tier im negativen Gorse-Zustand wird nicht allein diese Blütenessenz benötigen, doch ist sie gewiß von unschätzbarem Wert zur Unterstützung der gesamten Therapie. Diese muß langfristig angesetzt werden und erfordert eine kontinuierliche Begleitung mit viel Liebe, Zärtlichkeit und Geduld (Zeit). Für den Erfolg der Behandlung ist es sehr wichtig, eine neue Beziehung zwischen dem kranken Tier und seinem Besitzer, seinem

Pfleger oder seinen Artgenossen – gegebenenfalls auch zu einem andersartigen Tier – aufzubauen. Es steht ernst um ein Tier im Gorse-Zustand!

Das Gorse-Pferd

Gorse-Pferde haben in ihrem Leben sicher schon Schreckliches mitgemacht. Bei vielen Pferden, die auf falsche Weise trainiert wurden, kann man diesen Zustand antreffen. Heutzutage kommt dies glücklicherweise selten vor, doch war es früher an der Tagesordnung, ein Pferd durch Training zu 'brechen' und so zu 'zähmen'. Gefühllosen Menschen bereitet diese Trainingsmethode keine Schwierigkeiten. Das betreffende Pferd wurde zunächst längere Zeit mit einem Minimum an Futter und Wasser separiert gehalten, oftmals auch noch in einem dunklen Stall. Holte man das Pferd dann endlich heraus, war es völlig desorientiert und geschwächt. Trotzdem wurde es direkt gesattelt und geritten. Beim geringsten Anzeichen von Widerstand bekam es die Peitsche zu spüren, aber in seinem geschwächten Zustand konnte das Tier seinen Widerstand nicht lange aufrechterhalten. Bei den besonders starken Pferde-Typen (Beech, Oak) wurde die Prozedur wiederholt, und die Periode der Aushungerung und einsamen Stallung begann von neuem.
Sie verstehen sicherlich, daß diese Pferde kaum eine Chance hatten, diesen Prozeß unbeschadet zu überstehen. Einige hielten lange durch und entwikkelten sich zu sogenannten Querschlägern, das heißt zu hinterhältigen Tieren. Die meisten aber gaben auf und ließen das Leben weiterhin leidend über sich ergehen.
Pferde mit derartigen Erfahrungen können aus der Gorse-Blütenessenz Nutzen ziehen. Ferner sind natürlich grenzenlose Geduld und eine nicht nachlassende liebevolle Zuwendung die Grundlagen für ihre Heilung. Licht ist für Pferde mit einer derartig schweren psychischen Depression ganz wichtig! Probieren Sie alle möglichen Erleichterungen aus und sorgen Sie dafür, daß das Pferd viel Tageslicht bekommt! Tageslicht (am besten Sonnenschein) ist einer der wichtigsten Depressionsbekämpfer. Ist es nicht

möglich, das Pferd während des größten Teils des Tages ans Tages- oder Sonnenlicht zu lassen, dann sorgen Sie für eine starke (Schirm-)Lampe in der Box mit gelblichem, aber keinesfalls zu grellem Licht! Dies wird dem Pferd sehr helfen.

Der Gorse-Hund

Dieser traurige, melancholische Hund hat seinen Mut verloren. Er hat zu oft oder zu heftig eins übers Fell bekommen und sieht keinen Sinn mehr darin, sich nochmals aufzuraffen. Man kann ihn nicht für ein Spiel oder etwas Leckeres begeistern. Apathische Selbstaufgabe ist seine Antwort auf das Leben.

Der Gorse-Hund ist gehorsam, denn Widerstand zu leisten ist ihm zu lästig. Dazu rafft er sich nicht mehr auf. Er nimmt das Leben, wie es k-ommt und hat das Bedürfnis aufgegeben, etwas verändern zu wollen.

Wir kennen diesen Typus aus Erzählungen, in denen der Hund aus Kummer starb, als sein innig geliebter Besitzer verstorben ist. Hunde, die ein inniges Verhältnis zu ihren Besitzern hatten und infolge unglücklicher Umstände zu einem anderen Besitzer weggegeben wurden, können ebenfalls in den negativen Gorse-Zustand kommen.

Zusätzlich zu der großzügigen Portion Liebe und menschlichen Wärme, die diese Hunde dringend benötigen, ziehen sie auch aus der Gorse- Blütenessenz viel Nutzen. Erst später bieten wir ihnen in einem sanften Ton, der ihnen die Möglichkeit zur Verweigerung beläßt, kleine lustige Dinge an. In Wirklichkeit laden Sie die Hunde damit gar nicht dazu ein, sich zu verweigern, sondern Sie zwingen sie mit sanfter Beharrlichkeit zu einem Spiel oder einem Spaziergang. Ganz langsam können Sie dann etwas mehr mit ihnen unternehmen und dabei ihren Enthusiasmus und ihre Fröhlichkeit steigern, doch überstürzen Sie sollten nichts! Der Hund braucht seine Zeit, denn eigentlich hatte er sich schon ganz von den Freuden des Lebens verabschiedet.

Gorse als Symptom-Blütenessenz

Die Gorse-Blütenessenz wird meist als Symptom-Blütenessenz verwendet. Ein Tier, das in archetypischer Weise den Gorse-Typus verkörpert, gibt es eigentlich gar nicht. Ein derartiger Mangel an Lebensfreude und Lebenssinn kommt bei Tieren glücklicherweise von Natur aus nicht vor.

In jeder Situation, da Ihr Tier tiefen und melancholischen Kummer durchlebt, können Sie diese Blütenessenz unterstützend verabreichen.

Einige Beispiele: Ihr Pferd hat sein ganzes Leben lang die Weide, die Box und die Arbeit mit einem Freund geteilt. Durch widrige Umstände verschwindet dieser Lebensgefährte aus dem Umfeld Ihres Pferdes. Tiefe Trauer ist die Folge. Gorse kann in diesem Fall helfen.

Ihr Hund muß akzeptieren, daß eines Ihrer erwachsenen Kinder von zu Hause auszieht. Bis jetzt haben Sie immer ein gemeinsames Leben geführt; jetzt müssen sie sich trennen. Für den Hund verliert das Leben seinen Sinn. Gorse kann in solchen Fällen in Verbindung mit Walnut und Honeysuckle, gute Dienste leisten.

HEATHER

Der Heather-Typus kann nicht allein sein und sucht immer Gesellschaft. Er gleicht einem Plappermaul. Nicht wörtlich natürlich, doch versucht er mit jedem, der gerade in der Nähe ist, ein Schwätzchen zu halten.
Tiere dieses Typs sind recht aufdringlich, nicht nur gegenüber Menschen, sondern auch gegenüber ihren Artgenossen. Heather-Tiere werden sehr unglücklich, wenn Sie sie eine Zeitlang allein lassen.
Oft sind es Tiere, die zu früh von der Mutter getrennt wurden, so daß sie deren bedingungslose Liebe vermissen mußten. Sie sind nun immer auf der Suche nach einem Ersatz. Dabei wird ihnen die Suche selbst zu einem Lebensbedürfnis und das ursprüngliche Ziel – die Bestätigung durch Liebe – verliert so an Bedeutung.
Der Heather-Typus ist stark von sich selbst eingenommen, und dies ist für ihn auch das Wichtigste im Leben. Wirklich tiefer Kontakt mit anderen kommt nur selten oder gar nicht zustande. Die anderen dienen nur als Spiegel zur Selbstbestätigung.
Der Heather-Typus kann bei Auftreten von Schmerzen sehr wehleidig sein und wird sich noch lange Zeit über eine erlittene Verletzung beklagen.

DAS HEATHER-PFERD

Das Heather-Pferd wurde zu früh abgestillt. Was man als 'zu früh' bezeichnen kann, hängt ganz vom individuellen Tier ab, und die Zeitdauer

selbst sagt diesbezüglich wenig aus. Möglicherweise wurden Altersgenossen, die jedoch nicht das negative Heather-Verhalten zeigen, im selben Alter abgestillt. Für das Heather-Pferd war es einfach zu früh. Sein Selbstwertgefühl wurde von der Mutter, die dies in dieser Entwicklungsphase des Fohlens als einzige tun kann, zu wenig gestärkt.
In der Gruppe, im Stall, auf der Weide, bei einer Gruppenübung oder bei einem Ausritt mit anderen, wird das Tier immer versuchen, die Aufmerksamkeit auf sich zu ziehen, indem es sich mal vorbildlich benimmt, mal anderen Pferden gegenüber unfreundlich und mürrisch ist. Es geht ihm einzig darum, im Mittelpunkt zu stehen.
Wird das Pferd geputzt, wird es nicht akzeptieren, wenn Sie in Ihre eigenen Gedanken versunken sind. Durch leichtes Schnappen oder sogar Beißen, durch Drehen und Stampfen, oder indem es den Putzkasten umstößt, wird es versuchen, Ihre Aufmerksamkeit zu erlangen.
Bei der Arbeit erscheint das Heather-Pferd als aufmerksam, doch erweckt es den Anschein, die Arbeit nur für sich selbst zu verrichten: es möchte wissen, wie gut es ist. Die Zusammenarbeit ist dem Pferd nicht so wichtig – was auch gar nicht so schlimm ist – denn wichtig ist ja das Resultat.
Genießt ein Pferd die Zusammenarbeit nicht und richtet seine Aufmerksamkeit nur auf sich selbst, kann man nicht von Interaktion und somit auch nicht von Fortschritt sprechen. Möchte man wirkliche Ergebnisse erzielen, so ist eine Interaktion unverzichtbar. Ich persönlich finde, daß jedes Pferd, wenn nötig, mit Ruhe zu dieser Interaktion mit dem Menschen angehalten werden sollte. Das ist für beide eine Freude, die Lust beisammen zu sein ist der Motor für den gemeinsamen Wachstumsprozeß, nach dem wir alle streben.

DER HEATHER-HUND

Hunde vom Heather-Typus wirken meistens sehr ‘geschäftig’, da sie auf alle möglichen Arten versuchen, Aufmerksamkeit zu erheischen und ‘wie verrückt’ nach Publikum sind. Gerade kleine Rassen führen im negativen Heather-Zustand allerlei Kunststücke und Kapriolen auf, um die Bewun-

derung der Zuschauer zu erlangen. Es ist auffallend, daß der Hund die Kunststücke dann nicht aufführt, wenn er ohnehin bereits die ungeteilte Aufmerksamkeit genießt. Er fängt jedoch wieder damit an, sobald die Aufmerksamkeit des Publikums abnimmt.
Eine weniger erfreuliche Art und Weise, um Aufmerksamkeit zu buhlen, äußert sich im Zerbeißen von Gegenständen, in Unsauberkeit zu unpassenden Momenten u.ä. Dieser Hund wurde in den meisten Fällen zu früh von der Mutter getrennt oder hat in der prägenden Phase seiner Entwicklung oft oder/und zu früh die Bezugsperson und/oder sein Zuhause gewechselt.
Besonders mit der Heather-Blütenessenz kann diesen Hunden geholfen werden. Weiterhin brauchen sie eine liebevolle, aber durchgreifende Erziehung, die darauf ausgerichtet ist, ihnen beizubringen, daß es nicht nötig ist, Aufmerksamkeit zu erzwingen, da diese ihnen ohnedies zuteil wird.
Die Heather-Hunde können schwer allein bleiben. Sie reagieren aufs Alleingelassenwerden mit dem Zerbeißen von Gegenständen oder dem Beschmutzen der Wohnung.
Zeigen Sie in der Anfangsphase der Behandlung Ihre Abneigung gegenüber einem derartigen Verhalten! Achten Sie jedoch darauf, nicht zu übertreiben, denn auch negative Aufmerksamkeit ist Aufmerksamkeit: das Tier erhielte schon wieder das, wonach es sucht.
Versuchen Sie den Schaden, den der Hund anrichten kann, so gering wie möglich zu halten, indem Sie ihm, bevor sie ihn alleinlassen, die Möglichkeit geben, sich gut auszutoben und indem Sie ihm gut zureden. Lassen Sie ihn danach mit einem Nageknochen/Stiefel und/oder einem Spiel auf einem Platz allein, wo der Schaden nicht allzu groß werden kann!
Mit Hilfe der Heather-Blütenessenz und viel Verständnis für das problematische Verhalten des Tieres werden Sie schnell positive Ergebnisse erzielen.

Heather als Symptom-Blütenessenz

Alle Tiere, die zeitweise viel Aufmerksamkeit verlangen und Sie völlig in Beschlag nehmen, können aus dieser Blütenessenz Nutzen ziehen.

Obwohl die Heather-Blütenessenz auch symptombekämpfend wirkt, ist es sehr wichtig, den Hintergrund der Probleme des Tieres zu durchschauen.

Erst wenn ein Verständnis dafür entstanden ist, kann die Heather-Blütenessenz – in Kombination mit der entsprechenden Blütenessenz, welche die Ursache behandelt – ihre Wirkung voll entfalten.

Holly

Das Holly-Tier ist rach- und eifersüchtig, um die Fressenszeit beißt und knurrt es schon mal. Futterneid bei Tieren ist oft ein Holly-Symptom. Das Holly-Tier ist argwöhnisch und sehr aggressiv gegenüber demjenigen, der seine Eifersucht hervorruft, als auch gegenüber seinem Besitzer.
In diesem Zustand kann sich das Tier selten hingeben. Es bleibt sehr mißtrauisch und rachsüchtig, gerade so, als wäre ein Stein an der Stelle, wo sich sonst die Gefühle befinden, sein Herz ist buchstäblich verhärtet. Das Holly-Tier hat den rechten Pfad verloren, es verfügt nicht mehr über die Fähigkeit, emotional mit anderen Lebewesen in Beziehung zu treten. Eine liebevolle Annäherung an das Tier wäre hier nicht die richtige Vorgehensweise. Es würde darin ein Zeichen von Schwäche sehen und nicht wissen, wie es damit umgehen soll.
Obwohl Liebe grundsätzlich für alles im Leben die Basis sein sollte, und somit auch für die Arbeit mit Tieren, ist in diesem Fall eine rigide Verhaltensweise erforderlich. Begegnet man dem Tier allzu lieb und allzu verständnisvoll, führt dies zu einem ungewollten Ergebnis. Sie müssen dem Tier erst durch eine teilweise sogar dominante Haltung Respekt abverlangen. Erst wenn klar ist, daß die Route nur durch Sie und niemand anderen bestimmt wird, kann wieder miteinander kommuniziert werden. Sobald das Tier vor Ihnen Respekt hat, können Sie mit der Holly-Blütenessenz arbeiten. Dies muß dann fast immer in Kombination mit Crab Apple geschehen, denn das im Körper sitzende 'Gift' muß wahrhaftig weggeputzt werden, unterstützt durch einen liebevollen Umgang mit dem Tier.

Tiere des Holly-Typs können im positiven Zustand besonders nett sein und eine sehr harmonische und liebevolle Ausstrahlung bekommen. Zuerst müssen allerdings alle Schichten von Haß und Gift weggekratzt werden. Oft gehören Holly-Tiere zu den leicht reizbaren Kämpfertypen aus der Fohlenherde oder zählen in einem Welpenwurf zu denjenigen, die in ähnlicher Art anfangen, ihren eigenen Platz abzustecken (der sehr groß sein muß, damit sie zufrieden sind). Beim Holly-Typus werden Sie ein sehr aggressives Verhalten gegenüber Altersgenossen erkennen, sobald das Futter gebracht wird oder der Pfleger mit freundlichen Worten kommt.
Es ist ein Verhalten wie „ich, ich – die anderen kannst du vergessen". Dieses Verhalten der Holly-Tiere beruht ausschließlich auf der Angst, beim Futter und beim Verteilen der Aufmerksamkeit zu kurz zu kommen. Zeigt sich, daß diese Sorge unbegründet ist, weil Sie Ihre Aufmerksamkeit auf eine für das Tier eindeutig erkennbare Weise gerecht verteilen, wird es seine Haltung mit Hilfe der Holly-Blütenessenz schnell aufgeben. Bei etwas älteren Tieren dauert es länger, was verständlich erscheint, wenn man bedenkt, daß dieser Charakterzug sich oft bereits in der ersten Lebensphase oder während der Pubertät ausbildet und sich daher schon lange Zeit 'festsetzen' konnte. Die Holly-Blütenessenz hilft in diesen Fällen ebenfalls zuverlässig.

DAS HOLLY-PFERD

Das Holly-Pferd ist sehr leicht zu erkennen: Es ist Artgenossen gegenüber schnell gereizt. Beim Füttern beißt es die Nachbarn in die Schenkel, den Hals oder anderswohin, sobald es eine Gelegenheit dazu bekommt. So mach es diesen klar, daß sie sich nicht darüber beschweren sollen, wenn es deren Portionen mit auffrißt.
Holly-Pferde sind auch innerhalb der Herde sehr lästig. Es ist günstiger, ein solches Pferd für einige Wochen beim Füttern von den anderen getrennt zu halten, damit alle in Ruhe fressen können.
Das Holly-Pferd wird sich gehorsam bürsten lassen, aber sofort eine Drohgebärde zeigen, wenn ein Nachbar zuschaut oder wenn sein Pfleger

einem anderen Pferd Aufmerksamkeit schenkt. Das Holly-Pferd wird ohne vorherige Warnung sofort zubeißen, wenn der Ernst der Situation dies seiner Meinung nach erfordert.
Bei der Arbeit ist das Pferd im allgemeinen intelligent und sehr arbeitswillig, und zwar in allen Gangarten: Schritt, Trab und Galopp. Es kann sich gut auf die Anforderungen des Reiters einstellen und hat noch genug Zeit – auch während komplizierter Übungen – einem anderen, zufällig vorbeilaufenden Pferd zu drohen.
Man hat den Eindruck, daß die Holly-Pferde einen großen Kreis um sich ziehen und alles und jeden, der – ohne ihre Einladung oder Zustimmung – in diesen Kreis eindringt, sofort als Bedrohung ansehen.
Lassen Sie sich nicht von diesem äußeren Verhalten täuschen! Das Holly-Pferd ist einsam und unglücklich. Es hat Ihre Unterstützung und Hilfe nötig, um aus dieser scheußlichen Situation herauszukommen, in die es sich selbst gebracht hat.
Im positiven Zustand kann das Pferd eine wirklich harmonische Ausstrahlung entwickeln und ungeahnte Leistungen hervorbringen, und zwar sowohl bei der Arbeit als auch in der Liebe.

Der Holly-Hund

Schon als Welpe war der Holly-Hund ein kleiner Kämpfer: immer schnell dabei, wenn es sich darum handelte, das 'Brüderchen' oder 'Schwesterchen' anzuschnauzen, nie zurückhaltend wenn es darum ging, sich in irgend etwas vollends hineinzustürzen und für den eigenen Anteil zu kämpfen. Der Holly-Welpe hat sehr anhängliche Phasen und kann sich auch ganz lieb geben. Wird er allerdings falsch behandelt, werden diese 'lieben' Phasen stets kürzer und der Hund wird schnell mürrisch.
Der Holly-Hund ist rasch irritiert und vor allem argwöhnisch. Er fragt sich stets, was Sie wieder für fiese Überraschungen für ihn in petto halten. Der Hund möchte sicher sein, daß in Ihrer ausgestreckten, geschlossenen Hand kein Schreckgespenst steckt.

Bei Gesprächen von Familienmitgliedern untereinander hat der Hund schnell den Eindruck, daß wieder über ihn geredet wird, daß man ihn verspottet oder auslacht, obwohl dies gar nicht der Fall ist.
Der Holly-Hund ist ein Tier, dem es schwerfällt, mit Artgenossen harmonisch zusammenzuleben. Er wird schnell argwöhnisch, wenn ein anderer Hund mit ihm spielen möchte. Eigentlich möchte der Holly-Hund gerne mitspielen, doch geht er auch in diesem Fall wieder davon aus, daß das andere Tier negative Absichten verfolgt.
Dieser Hunde-Typus benötigt Hilfe. Er ist einsam und allein und lebt in einer mentalen Eiszeit. Das Tier hat ein Recht auf ein liebevolles Training, wobei Sie allerdings aufpassen sollten: Sorgen Sie zunächst einmal dafür, daß Sie den Respekt dieses Tieres erwerben und daß Gehorsam und Vertrauen eine Selbstverständlichkeit darstellen. Das Tier wird Ihnen mißtrauen, wenn Sie ihm gleich zu Beginn zu lieb und zu nett gegenübertreten. Obendrein wird dies sicherlich auch 'aufgesetzt' und wenig natürlich erscheinen, denn das Verhalten dieses Tieres kann, das weiß es ganz genau, diesen lieben und netten Umgang unmöglich hervorgerufen haben. Arbeiten Sie in Ruhe, unter Verwendung der Holly-Blütenessenz, auf eine Art Waffenstillstand zu, bei dem gegenseitiger Respekt und Vertrauen aufgebaut werden können. Erst später sollten Sie daran denken, dem Tier nach und nach Ihre tatsächliche Zuneigung zu zeigen.
Bevor der Zustand erreicht ist, in dem Respekt und Vertrauen selbstverständlich sind, fühlt das Tier natürlich schon die ihm zugedachte Liebe. Halten Sie jedoch lieber etwas Abstand und überlassen Sie dem Hund die weitere Initiative, damit ihn Ihre Liebe nicht überfordert oder verwirrt. Der Hund wird schon auf Sie zukommen.

HOLLY ALS SYMPTOM-BLÜTENESSENZ

Aus den obigen Beschreibungen geht hervor, daß Holly in allen Fällen von Unzufriedenheit, Mißtrauen oder Eifersucht eingesetzt werden kann. Heather hat Einfluß auf das egozentrische, aufmerksamkeitsbedürfige Tier, Chicory auf dasjenige, das seinen Rechtsanspruch durchsetzen will, und die Holly-Blütenessenz besänftigt das eifersüchtige Tier, z.B. bei der Ankunft eines neuen Babys oder eines neuen Haustieres. Holly stellt eine willkommene Unterstützung in all jenen Situationen dar, in denen die Gefahr besteht, daß das Tier sich zurückgesetzt fühlt.

Honeysuckle

Honeysuckle ist als Typen-Blütenessenz schwer zu beschreiben, symbolisiert sie doch einen vergangenen Lebensabschnitt, die Sehnsucht nach dem 'guten alten Besitzer', nach dem 'feinen Zuhause' oder den guten 'Stallgenossen' .
Tiere werden mit einer auf die Gegenwart und Zukunft ausgerichteten Grundeinstellung geboren, und so wird ein Honeysuckle-Bedarf erst durch externe Faktoren ausgelöst, die nichts mit dem Typus des Tieres als solches zu tun haben.
Natürlich empfindet nicht jedes Tier dieselbe Art von 'Heimweh'. Für die Art von 'Heimweh', die hier behandelt werden soll, müssen die Tiere schon etwas von der Honeysuckle-Energie in sich tragen, denn bei dieser Blütenessenz spielt es eine Rolle, ob das Tier zu dem Zeitpunkt, als sich die Trennung oder Veränderung vollzog, im negativen Honeysuckle-Energiezustand war. Die Honesuckle-Blütenessenz kann auch ausgezeichnet zur Vorbeugung verabreicht werden.
Die mögliche Bedeutung von Honeysuckle als Typen-Blütenessenz läßt sich in Bezug auf Tiere nur schwer beschreiben. Im weiteren Kapitelverlauf sollen für das Pferd und den Hund Situationen und Verhaltensweisen aufgezeigt werden, bei denen Honeysuckle unterstützend eingesetzt werden kann.

Das Honeysuckle Pferd

Eine Stute, die (zu) lange an der Umzäunung entlangläuft, um nach ihrem Fohlen zu suchen, das gerade abgestillt wird, könnte Honeysuckle benötigen: sie beachtet ihre Herdengenossen nicht mehr, frißt wenig und wiehert in der Hoffnung auf Antwort.

Nach und nach wird die Stute ruhiger und scheint sich mit der unvermeidlichen Rohheit der Menschen abzufinden, aber ganz die alte wird sie nicht mehr. Man merkt, daß sie alles tut, was von ihr verlangt wird, sie frißt und schläft, doch es fehlt ihr dabei an Lebensfreude. Ein gewisser Hauch von Traurigkeit umgibt sie.

Derselbe Zustand kann auftreten, wenn es z.B. wegen eines Verkaufs, zu der Trennung von einem guten Lebensgefährten kommt. Eine solche Stimmung kann sich sowohl bei Stuten als auch bei Hengsten oder bei kastrierten Hengsten entwickeln, wobei letztere dann nicht so bedrückt wirken, wie Stuten, deren Fohlen verschwunden sind. Bei diesen Tieren sehen Sie immer einen Unterschied zu früheren Zeiten: Die Pferde schauen beim Grasen öfter unvermittelt auf, um dann für längere Zeit in die Ferne zu starren (hören sie einen Freund?). Sie sind nicht mehr so eng mit der Herde verbunden und empfinden bei der Arbeit keine Freude mehr.

Das Tier ist dem Menschen gegenüber freundlich, man merkt ihm eigentlich nichts an, und doch ... es fehlt etwas. Sein Verhalten ist wie von einem hauchdünnen Schleier überschattet.

Diese Tiere benötigen die Hilfe von Honeysuckle. Selbstverständlich wird die Honeysuckle-Blütenessenz den Schmerz über den Verlust von etwas Liebgewonnenem nicht gänzlich stillen können, sie wird ihn jedoch lindern und dem Tier dabei helfen zu erkennen, daß es noch andere schöne Dinge im Leben gibt. Diesem Pferd tut ein ausgesucht freundlicher Umgang sehr gut. Ich sage mit Absicht nicht 'liebevoller' Umgang, denn dies sollte selbstverständlich sein. Das Pferd wünscht in seiner Situation keine aufgezwungene neue Liebe. Es vermißt sein Fohlen oder seinen Freund und benötigt Zeit, diesen Schmerz zu verarbeiten. Wir können den Prozeß nicht beschleunigen, doch können wir einfach für das Pferd da sein, ihm

viel Aufmerksamkeit schenken und ihm eine gute, ruhige Freundschaft anbieten.
Sorgen Sie für eine dem Zustand angemessene Arbeit, denn Konzentration könnte dem Pferd schwerfallen. Seien Sie ihm gegenüber verständnisvoll, denn es durchlebt einen Prozeß der Trauer. Dies ist für eine begrenzte Zeitspanne in Ordnung, allerdings darf diese nicht zu lange andauern. Nach einigen Wochen sollte das Pferd wieder Interesse für das Leben um sich herum bekommen, und Schritt für Schritt wieder zu seiner Lebensfreude zurückfinden. Bleibt dieser Fortschrittt aus, so kann Honeysuckle möglicherweise in Kombination mit Walnut sehr gut helfen, die Verlustsituation zu bewältigen und sich auf die neue Lebensphase einzustellen.
Pferden, die sich von der Angst früherer Mißhandlungen oder einem anderen Trauma, wie z.B. dem Fahren im Anhänger, nicht lösen können, tut die Honeysuckle-Blütenessenz sehr gut. Sie hilft den Tieren dabei, negative Erfahrungen zu bewältigen. Hilfreiche Blütenessenzen für traumatische Erlebnisse, wie z.B. Star of Bethlehem, sind in solchen Fällen ebenfalls nötig.

Der Honeysuckle-Hund

Hunde können sehr innige Freundschaften zu Menschen oder anderen Hunden aufbauen. Das Hunderudel sichert dem Hund das Überleben, und er fühlt sich heillos entwurzelt, wenn er einen Teil des Rudels entbehren muß.
Ein Hund, der umständehalber weggegeben wird, kann erstaunlich lange damit beschäftigt sein – manchmal länger als für seine Gesundheit gut ist – sich an die neue Situation anzupassen. Er wird seinen neuen Lebensgefährten wahrscheinlich höflich begegnen, ohne sich jedoch zu erlauben, einen neuen Bund mit ihnen zu schließen. Der Hund darf ruhig einige Zeit 'trauern', doch wenn diese Phase zu lange andauert, vereinsamt er, verkrampft sich und wird krank. Dann ist es noch schwieriger, das Tier wieder auf den richtigen Weg zu bringen, denn die Ursache der Krankheit ist die neue Umgebung.

Der Hund hat eine verläßliche, ruhige und permanent verfügbare Freundschaft nötig. Bieten Sie ihm diese nicht zu aufdringlich an, sondern seien Sie einfach für das Tier da. Es sollte selbst die Freiheit haben zu entscheiden, ob es sich schon mit Ihnen einlassen möchte oder nicht.
Es gibt viele Erzählungen, in denen der Hund kurz nach seinem Herrchen gestorben ist, manchmal sogar an dessen Grab. Diese innige, selbstvergessene Treue kommt nur bei sehr wenigen Tierarten vor (die Gans ist auch für ihre innige Liebe zu ihrem Lebenspartner bekannt).
Heutzutage kommt es eher selten vor, daß Hunde ihrem Herrchen in den Tod folgen. Oftmals werden sie in ein Tierheim gebracht, wenn die Familienangehörigen keinen Ausweg wissen oder keine Zeit für sie haben.
Es sollte selbstverständlich sein, diese Tiere nicht aus Trauer sterben zu lassen, sondern sich um sie zu kümmern! Sorgen Sie dafür, daß das Tier wieder Lebensfreude erfährt, auch wenn diese viel gemäßigter oder zurückhaltender sein wird!
Schenken Sie dem Hund Ihre Freundschaft – Liebe kann er noch schwer annehmen – und geben Sie ihm die Honeysuckle-Blütenessenz sowie Walnut in Kombination mit Star of Bethlehem und eventuell Rock Rose! Die beiden letztgenannten Blütenessenzen sind auch für Hündinnen gut geeignet, denen es schwerfällt, die letzten Welpen aus ihrer Obhut zu entlassen und die auch dann, wenn diese die Mutter verlassen haben, weiter nach ihnen suchen.
Im Falle der Hündin dürfen Sie ruhig mehr Aufmerksamkeit für sich selbst fordern und sie dürfen auch mehr Enthusiasmus von ihr verlangen. Es ist noch kein Mann über Bord gefallen. Die Stillzeit war eine lustvolle Lebensphase. Es fällt ihr natürlich schwer, Abschied zu nehmen, aber ... es ist doch eine ganz natürliche Situation: einmal müssen alle Mütter ihre Kinder ziehen lassen. Allerdings ist es so, daß wir Menschen einer Hündin die Welpen früher wegnehmen, als Mutter Natur dies vorsieht. Deshalb sollten Sie der Hündin besonders viel Verständnis und Liebe entgegenbringen! Sie dürfen allerdings von ihr erwarten, daß sie den Prozeß unterstützt, so daß sie bald wieder zu ihren Alltagsfreuden zurückfindet. In diesem Fall sollte Ihre Haltung dem Tier gegenüber fordernder, ja viel-

leicht sogar zwingender sein, etwa im Sinne von: „Komm, laß uns gemeinsam einen längeren Spaziergang machen! Na los, Mädel, laß den Kopf nicht hängen, wir werden es uns gemütlich machen. Schau, ich nehme deinen Ball mit. Vielleicht begegnen wir auch einigen netten Spielkameraden. Auf, sei doch mal ein ganz, ganz kleines bißchen fröhlicher! Das darfst du dir schon erlauben und das kannst du auch."
Begegnen Sie tatsächlich einem Spielkammeraden, so regen Sie mit einer fröhlichen Stimme Ihren Hund an, spielen zu gehen! Seien Sie jedoch nicht enttäuscht, wenn er nicht direkt darauf eingeht. Das wird schon wieder, spätestens mit Hilfe der Honeysuckle-Blütenessenz.

Hornbeam

Das Tier, dem die Hornbeam-Blütenessenz guttun würde, hat eigentlich zu nichts Lust, außer zu den Dingen, die es nicht tun darf. Sie müssen sich bis zu dem Zeitpunkt, da das Tier in Ihre Obhut kommt, ein sehr bewegliches und enthusiastisches Tier vorstellen, das plötzlich zu einem leidgeplagten Tropf wird. Dies ist für Sie unverständlich, und Sie machen sich über die Art Ihrer Beziehung ernste Sorgen. Zusätzlich werden Sie feststellen, daß sich das Tier einem wildfremden Besucher gegenüber mitunter wieder viel enthusiastischer verhält. Ein Tier im negativen Hornbeam-Zustand versetzt seinen Besitzer immer wieder in Verwirrung und Verzweiflung. Es scheint stets an Ihnen zu liegen. Bei Fremden ist das Tier aufgeweckt, selbst bei Ihrem Partner oder Ihren Kindern, nur bei Ihnen nicht.

Lassen Sie sich nicht verrückt machen oder von Ihrem Weg abbringen, denn der Grund liegt höchstwahrscheinlich nicht in Ihrer Beziehung zu dem Tier, sondern in dem negativen Hornbeam-Zustand, in dem sich dieses befindet. Das bedeutet, daß alles, was im entferntesten mit 'Arbeit', Disziplin oder Leistung zu tun hat, das Tier augenblicklich in einen lethargischen Zustand stürzt, gegen den es im übrigen nichts unternehmen kann. Es handelt sich im wesentlichen um Erschöpfung. Deshalb: „lassen wir es mal lieber, denn jede Anstrengung ist sowieso vergebens ..." Wir kennen das Gefühl sicherlich von uns selbst, eine Art Montagmorgensyndrom, ein Gefühl, das uns nach langanhaltendem und starkem Druck zu verstehen gibt, daß wir nicht mehr können und nicht mehr wollen. In vielen Fällen überwinden wir dieses Gefühl mit unserer Willenskraft, denn das wird von der Gesellschaft und dem sozialen Gefüge erwartet.

Beim Tier ist das anders. Es reagiert naturgemäß auf das, was sein Körper ihm sagt: „Halt, nichts tun, denn du hast keine Energie mehr!“ An und für sich ist dies richtig. Wurde die Energie verbraucht und konnnte sie noch nicht wieder erneuert werden, so ist eine Ruhepause angebracht – bis das innere Gleichgewicht wiederhergestellt ist.
Beim negativen Hornbeam-Zustand geht es allerdings um ein strukturelles Problem, das nicht mit physischer oder mentaler Überlastung zusammenhängt. Das Tier empfindet die Situation nur entsprechend und handelt danach. Das erklärt auch, weshalb es mit anderen Menschen, sowie mit seinen Artgenossen spielt, jedoch nicht mit der Person, die gerade Arbeit und Disziplin verkörpert. Im Kontakt mit dieser Person fällt das Tier alsbald wieder in ein schwarzes Loch.

Das Hornbeam-Pferd

Das Hornbeam-Pferd ist das typische Tretmühlenpferd. Alte Gemälde, auf denen diese armen Tiere abgebildet sind, veranschaulichen das Hornbeam-Gefühl, denn die Tiere befanden sich oft in der negativen Hornbeam-Energie. Heutzutage herrschen andere Zustände, und wir gehen auch ganz anders mit Pferden um, so daß es schwieriger geworden ist, den Hornbeam-Zustand zu erkennen. Auf jeden Fall wirkt das Pferd etwas leidend, es läßt, wird es geputzt, den Kopf schnell hängen und ‘latscht’ bei der Arbeit. Man kann es nur mit Mühe motivieren weiterzugehen, obwohl man es (in stiller Verwunderung) auf der Weide gern einen Sprint hinlegen sieht oder beobachten kann, daß es die Herdengenossen zu einem Spiel einlädt!
Das alles sind deutliche Erkennungsmerkmale für eine Hornbeam-Situation. Das Tier ist also nicht wirklich physisch ermüdet, sondern fühlt sich nur bei der Arbeit so. Wieder in Freiheit, jubiliert es über seine Befreiung.
Bringen Sie Ihr Pferd nicht auf die Weide. Ist ein oben beschriebenes Verhalten nicht erkennbar, so lassen Sie es ruhig in der Manege einmal los und warten ab, was passiert. Läßt es sich hängen, ohne etwas zu unterneh-

men, dann ist es physisch müde; die Olive-Blütenessenz kann ihm jetzt weiterhelfen. Läuft es jedoch herum, schnüffelt und schaut interessiert umher, kann man von einem Hornbeam-Leiden sprechen.
In der Box läßt sich ein solches Verhalten ebenso wiederfinden. Ein Pferd, das sich beim Putzen hängen läßt, aber fröhlich und interessiert die Stallaktivitäten beobachtet, wenn man nicht mit ihm beschäftigt ist, zeigt auch das Hornbeam-Verhalten.
Bei der Annäherung an dieses Tier ist es wichtig, es nicht als 'Simulanten' und 'grenzenziehenden Arbeitsverweigerer' anzusehen. Das Tier fühlt sich wirklich müde und handelt instinktiv danach. Versuchen Sie, so oft wie möglich Abwechslung in die Arbeit zu bringen. Die Arbeit für eine Zeit völlig zu unterbrechen – z.B. zwei Wochen lang –, kann wahre Wunder bewirken. Sportpferde müssen in Bewegung bleiben! Man kann sie jedoch mal für zwei Wochen vom Training fernhalten und dafür nur Ausritte mit ihnen unternehmen. So können sie physisch auf der Höhe bleiben und gleichzeitig mental wieder in Form kommen.
Freizeitpferden würde dies nicht guttun. Unternehmen Sie mit ihnen etwas ganz anderes, wie z.B. oft Longieren oder Voltigieren. Nehmen Sie sie wie einen Hund an die Leine zum Spazierengehen! Setzen Sie sich verkehrt herum in den Sattel, lachen, spielen Sie mit ihnen und lassen Sie sie merken, daß es gar nicht auf das Ergebnis ankommt, sondern auf den Spaß und die Abwechslung.

Der Hornbeam-Hund

Der Hornbeam-Hund scheint keine Freude mehr an seinen täglichen Spaziergängen zu haben – auf jeden Fall nicht in Begleitung der Person, die stets mit ihm geht.
Die Spiele, für die er sich normalerweise so begeisterte, fesseln ihn nicht mehr. Er schaut, den Kopf auf die Pfoten legend, ein wenig melancholisch zu dem Menschen hoch, der versucht, ihn zu inspirieren und zu begeistern. Steht er sonst bereits schwanzwedelnd an der Tür, wenn Sie sich

gerade erst anschicken, sich in Richtung Haustür in Bewegung zu setzen, so müssen Sie ihn nun dazu überreden, mit Ihnen spazierenzugehen.
Wir beginnen uns zu fragen, ob dieser Hund vielleicht krank ist. Nun ja, er war immer schon etwas schwerfälliger. Wird er möglicherweise früh alt?
Die Hornbeam-Hunde sind physisch gesund. Es fällt ihnen einfach nur schwer, den Mangel an Reizen, der im Umgang mit Menschen unvermeidbar ist, zu verarbeiten. Von Natur aus sind sie aktiv genug. Bei einer reizarmen Lebensweise verfallen diese Hunde leicht in Apathie.
Gegenüber Crab-Apple Hunden haben Hornbeam-Typen im täglichen Leben ein großes Bedürfnis nach Abwechslung. Am liebsten würden sie jeden Tag etwas anderes unternehmen. Die Hornbeam-Hunde empfinden selbst einen Umzug als lustig und blühen dabei richtig auf. Sind Sie z.B. damit beschäftigt, Ihre Möbel im Haus völlig umzustellen, so wird der Hund begeistert umherspringen und gerne mitmachen wollen. Erwarten Sie Gäste oder bereiten Sie ein Zimmer für eine Übernachtung vor, so findet der Hund dies amüsant, wedelt mit dem Schwanz oder bellt.
Diesen Hunden tut die Hornbeam-Blütenessenz sehr gut. Von wenigen Kleinigkeiten abgesehen können Sie im Umgang mit ihnen nicht allzuviel ausprobieren. Es ist gewiß nicht möglich und auch nicht nötig, jeden Tag die Möbel zu verschieben, doch beim täglichen Spaziergang können Sie ja die Route ändern – auch wenn Sie Ihre gewohnte Runde einfach nur in entgegengesetzter Richtung drehen oder einmal die andere Straßenseite benutzen, denn da weht schon ein ganz neuer Wind. Nehmen Sie Ihren Hund öfter mal mit, wenn Sie Freunde besuchen. Versuchen Sie, regelmäßig längere, anstrengende Spaziergänge in der freien Natur zu machen, vorzugsweise an immer wieder wechselnden Orten. Das tut dem Hund sehr gut.

HORNBEAM ALS SYMPTOM-BLÜTENESSENZ

Hierbei geht es um alle Tiere, die plötzlich bei der täglichen Arbeit oder im normalen Alltagsrhythmus eine gewisse Apathie zeigen. Das Verhalten

kann strukturell bedingt sein (siehe vorherige Beschreibungen) oder durch zu hartes Training vor einem Wettkampf.
Der Widerwille aller Routine gegenüber kann auch in Kombination mit einer – vielleicht noch nicht erkannten – physischen Schwäche auftreten. Selbstverständlich muß beim Auftreten eines solchen Verhaltens immer die Ursache analysiert werden. Belaste ich das Tier bei einem Teil des Trainings zu stark? Wird es etwa zu wenig belohnt oder seine Leistung nicht genügend anerkannt, so daß es mit der Zeit allem Bekannten gegenüber gleichgültig wird? Oder stimmt physisch etwas nicht, so daß die normale Arbeit und Routine für das Tier eine Überforderung darstellt?
Bei einem zeitweiligen Mangel an Hornbeam-Energie kann ein schöner Urlaub Wunder bewirken. Den kann man leider nicht immer nehmen. Hornbeam hilft, das innere Gleichgewicht wiederherzustellen. Bei den beschriebenen Symptomen bietet diese Blütenessenz jederzeit eine sinnvolle Hilfe und Unterstützung.

Impatiens

Die Impatiens-Blütenessenz paßt zu einem begeisterten, fast ungestümen Tier, das alles mitmachen möchte, und kaum erwarten kann, bis es soweit ist, sich aber dann gerne sofort widersetzt. Ein harter Arbeiter, manchmal etwas hastig am Werk und dadurch natürlich auch nachlässig.
Wegen seiner Ungeduld ist es für dieses Tier schwierig, den Menschen zu tolerieren, denn dieser widmet sich in seinen Augen den Dingen viel zu besonnen oder zu gründlich. Mit Artgenossen kann das Tier sehr gut umgehen, doch bekommen sie manchmal auch einen 'Anschnauzer' oder einen Biß ab, wenn sich das Impatiens-Tier in seinem Eifer von ihnen gestört fühlt.
Das Impatiens-Tier besitzt großes Verantwortungsbewußtsein und trägt auch gerne Verantwortung. Es möchte jedoch bei der Ausübung seiner Aufgabe nicht behindert werden.
Eine Arbeit, die viel Zeit in Anspruch nimmt, langweilt dieses Tier schnell. Es drängt schon bald darauf, wieder etwas Neues zu beginnen. Auf äußere Reize kann es überempfindlich reagieren und sich dann streitlustig und nervös geben, wobei es einem gespannten Gummi gleicht, der jeden Moment reißen könnte. So fühlt es sich auch.
Impatiens-Tiere sind prächtige Kameraden, da sie zu allem bereit sind und hart für und mit uns arbeiten. Die Beziehung zum Menschen stellt für sie eine packende Herausforderung dar, aus der sie das Optimale herausholen möchten. Doch passen Sie auf! Bleiben Sie in Ihrer Mitte, denn bevor Sie es merken, werden Sie von dem besonderen Enthusiasmus dieser Tiere mitgerissen und lassen sich zu Dingen verleiten, die sich

unter Umständen negativ auf das Tier, auf Sie selbst und auf Ihre Beziehung zu dem Tier auswirken. Das Tier kann Sie z.B. dazu verleiten, in Ihrem Trainingsprogramm zu rasch voranzuschreiten, obwohl die derzeitigen Übungen noch gar nicht richtig 'sitzen'. Das Tier fordert Sie regelrecht heraus, um sein Tempo und seinen Enthusiasmus beibehalten zu können. An und für sich ist dieses Verhalten prima, nur muß es in gesunden Grenzen gehalten werden, da sonst die Gefahr besteht, daß das Tier sich überschätzt oder unglücklich und ungeduldig wird, wenn ihm das Tempo zu langsam ist. Zu seinem eigenen Schutz muß das Tier gebremst werden.

Es darf seinen Artgenossen gegenüber ruhig einmal streitlustig sein. Diese Phase sollte jedoch nicht zu lange andauern, denn sonst isoliert sich das Tier, was sein Wohlergehen beeinträchtigt. Tieren, die diese Merkmale aufweisen, bietet die Impatiens-Blütenessenz Hilfe.

Das Impatiens-Pferd

Oftmals ist dies ein temperamentvoller Typus, ein 'Kräutchen-rühr-mich-nicht-an', das regelmäßig vor Ungeduld zu stampfen beginnt.

Wird es geputzt, kann das Impatiens-Pferd nicht stillstehen. Es beginnt sich zu drehen, wenn man aufsteigen möchte und trabt schon los, kaum daß man aufgebrochen ist.

Passen Sie auf! Diese Merkmale kommen nicht nur bei Pferden vor, die sich im negativen Impatiens-Zustand befinden, sondern auch dann, wenn Pferde, mehr eiweißreiche Nahrung zu sich nehmen als der Körper benötigt. Diesen Unterschied müssen Sie bei der Diagnose genau beachten!

Das Impatiens-Pferd ist oft der Initiator von Spielen auf der Weide. Beim Aufstellen zu einem gemeinsamen Gruppenausritt wird es sich schon vor den anderen auf den Weg machen und bei einem seiner Meinung nach zu langsamen Galopp als erstes plötzlich einen Sprint beginnen, wodurch es die gesamte Gruppe mitreißt.

Impatiens-Pferde sprechen vor allem Teenies in der Pubertät an. Das Ungestüm und die Unternehmenslust der Pferde stimmen sehr gut mit

der Ruhelosigkeit der Pubertierenden und dem Bedürfnis nach Grenzüberschreitungen überein.
Reitet ein ungestümer Teeny ein Impatiens-Pferd, sollten Sie unbedingt achtgeben, daß kein Unfall geschieht, denn die beiden können sich gegenseitig zu immer ausgefallenerem und impulsiverem Verhalten aufstacheln. Das Impatiens-Pferd macht es dem Reiter mit seiner ansteckenden Unternehmungslust schwer, seinen Weg geradlinig zu verfolgen.
Wer besonnener ist, wird schnell ermüden, wenn er es mit dieser Art von Pferden zu tun hat, da diese stets weitermachen, immer noch mehr verlangen und nur selten mit einer Situation zufrieden sind.
Sie bewahren dieses Pferd vor physischen oder mentalen Schäden, indem Sie vor allem dafür sorgen, daß es sich in angenehmer Umgebung entspannen und ausruhen kann. Steht es im Stall? Lassen Sie in seiner Nähe klassische Musik spielen (nicht zu laut, denn ein Pferd hört wesentlich besser als wir!). Ist es auf der Weide? Um so besser, dann gesellen Sie ein älteres Pferd dazu, das nicht mehr alles mitmacht und sich nicht aufstacheln läßt. Ist dies nicht möglich, so geben Sie dem Pferd eine Ziege – eventuell an einem Seil festgebunden – zur Gesellschaft! Gelingt dies auch nicht? Dann seien Sie selbst der Ruhepunkt für das Pferd! Gehen Sie zu ihm auf die Weide und lesen ihm laut aus einem Buch vor, das Sie selbst gerade lesen! Ihre bloße Anwesenheit und die Tatsache, daß Sie das Pferd damit nicht direkt ansprechen, vermittelt dem Pferd Ruhe und tut ihm gut. Als begleitendes Hilfsmittel ist die Einnahme der Impatiens-Blütenessenz über mehrere Wochen zu empfehlen.

DER IMPATIENS-HUND

Der Impatiens-Hund ist sehr lebhaft, springt Sie an, bringt Ihnen sobald Sie nach Hause kommen 'Geschenke' – Stöckchen, Schuhe, Pantoffeln, Socken – auch wenn Sie nur drei Minuten weg waren.
Jedem Gast gibt er zu verstehen, wie sehr er sich über ihn freut.
Er bittet regelmäßig darum, spazierengehen zu dürfen, obwohl Sie vielleicht gerade mit ihm draußen waren.

In einer Gruppe mit anderen Hunden ist der Impatiens-Hund stets der 'Herr Lehrer', der den anderen Hunden erklärt, wie sie sich zu verhalten haben – dies gilt sowohl für das Spiel mit seinen Artgenossen, als auch für den Kontakt zu Menschen.

Der Impatiens-Hund macht gelegentlich einen sehr nervösen Eindruck. Es scheint, daß er es nicht schafft, seinen Motor einmal abzuschalten. Jeglicher Reiz stellt einen Grund für ihn dar, vollkommen wachsam aufzustehen und nachzuschauen, was los ist. Eine Tür, die ins Schloß fällt, ein Auto, das in der Ferne hupt, ein Kind, das ruft ... All das bedeutet für den Hund, wieder in Aktion treten zu müssen. Also beginnt er sofort damit ...

Es sind fantastische Hunde, die aber eine Belastung für Sie darstellen können, wenn sie in der Stadt gehalten werden. Dürfen die Impatiens-Hunde jedoch draußen leben, sich auf einem Bauernhof austoben und Erkundungsstreifzüge unternehmen, so entspannen sie sich. Nicht immer leben wir in den geeigneten Umständen, doch kann der Impatiens-Hund auch in der Stadt ein fantastischer Kamerad sein. Er besitzt ein ausgeprägtes Verantwortungsbewußtsein und ist gerne bereit, sich enorm anzustrengen, um allen Anforderungen gerecht zu werden. Er macht überall mit und ist ein begeisterter 'Kumpel'.

Der Impatiens-Hund ist für eine lebendige Familie mit mehreren Kindern, die sich gern mit ihm balgen, hervorragend geeignet.

Der Hundeliebhaber, der gern drei- oder viermal täglich mit seinem Hund einen Spaziergang unternimmt, ihn ansonsten aber nur hin und wieder mal anspricht, wird es mit dem Impatiens-Hund schwer haben, denn dieser wird ständig um weitere Beschäftigung bitten.

Bekommt der Hund zu viel Aktivität und Abwechslung geboten, müssen wir ihn vor sich selbst schützen: Der Bogen kann nicht immer gespannt bleiben – ein solcher Hund wird nur mit Mühe Entspannung finden. Selbst im Schlaf ist er beim geringsten Geräusch wachsam. Er braucht die Impatiens-Blütenessenz wie auch ein aktives, jedoch ruhiges Leben. Versuchen Sie, täglich ausgedehnte Spaziergänge zu unternehmen, am besten in der freien Natur, wobei Sie möglichst viel spielen sollten; das reicht vollkommen und mehr wäre schon zu viel ...

Impatiens als Symptom-Blütenessenz

Das Impatiens-Syndrom äußert sich als Drang, immer weiter zu machen. Das Tier möchte nicht mehr anhalten, ist schnell gereizt und gehetzt. Es entsteht der Eindruck, als ob sein Motor ohne fremdes Zutun plötzlich ein paar Gänge schneller liefe. Das Tier scheint sich ebenfalls darüber zu wundern: das Pferd, das plötzlich beim Aufsteigen oder wenn es geputzt wird, nicht mehr stehen bleiben will; der Hund, der nach einem langen Spaziergang nicht zufrieden schlafen geht, sondern immer noch – auf den nächsten Spaziergang lauernd – zur Tür blickt. Dies sind deutliche Anzeichen für die Notwendigkeit, die Impatiens-Blütenessenz einzusetzen.

Larch

Der Larch-Typus zeichnet sich durch einen absoluten Mangel an Selbstvertrauen aus und erweist sich als Produkt einer falschen Erziehung und/oder widrigen Lebensumständen. Das Tier zweifelt nicht nur daran, ob es ein Hindernis bewältigen kann oder nicht, sondern ist davon überzeugt, den Sprung nicht zu schaffen. In der freien Natur würden solche Tiere nicht überleben, denn sie würden bereits kurz nach ihrer Geburt zu Tode kommen.

Die Larch-Tiere sind oftmals sehr zart besaitet und deshalb zu ganz besonderen Beziehungen zum Menschen fähig. Es sind freundliche, nicht aggressive Tiere (selbst das Beißen aus Angst kommt bei ihnen nicht vor, denn sie haben nicht genügend Mut). Diese Tiere werden oft in ungünstige mentale oder physische Lebensumstände hineingeboren. Der negative Larch-Zustand scheint schon früh zu entstehen; selbst mit guter Begleitung kann sich dieser Gemütszustand festsetzen.

Das Larch-Tier verdient auf jeden Fall unsere Aufmerksamkeit. Wenn es zu lange in dieser negativen Energie verbleibt, wird es ihm zuviel. Es kann ohne Respekt nicht leben und schon gar nicht ohne Selbstachtung. Das Tier erzeugt so viele destruktive Prozesse, daß schließlich ernsthafte Krankheitssymptome entstehen.

Dies werde ich Ihnen an einem Beispiel aus meiner Praxiserfahrung verdeutlichen: Wir hatten einen vierjährigen kastrierten Vollblut-Araber-Hengst im Stall stehen. Ein lieber, braver Hengst, der, kurz nachdem er zu uns gezogen war, an der Schulter zu lahmen begann. Ein ganzes Jahr (!) lang scheute die Besitzerin keine Kosten und Mühen, die Verletzung zu heilen. Sie setzte sich wirklich auf bewunderungswürdige Weise ein, arbeitete jedoch ausschließlich mit allopathischen Heilmethoden. Nach Ablauf dieses Jahres hatten sie und ihre medizinischen Ratgeber so viel vergebliche Mühe investiert, daß sie die Behandlung aufgaben. Ich kaufte ihr das Pferd etwa zum Schlachtpreis ab und nach einem halben Jahr lief es wieder wie ein junges Fohlen und wir konnten gemeinsam lange Ausritte machen.

Was war geschehen? Das Pferd fühlte sich durch die sorgfältige Behandlung in seiner Annahme, ein Tollpatsch zu sein, bestätigt. Schon bevor es zu lahmen begann, hatte es eine 'Verlierer'-Ausstrahlung, war nie froh und wurde in der Herde zwar toleriert, konnte aber keine Freundschaften schließen. Sein Selbstwertgefühl war so gering, daß auch die anderen das Pferd nicht schätzen konnten. Dann begann es zu lahmen, was seine Auffassung erneut bestätigte. Nach zwei Wochen intensiver Arbeit mit Larch (und anderen unterstützenden Blütenessenzen) und ätherischen Ölen zur Stärkung der physischen und mentalen Kraft, lahmte das Pferd nicht mehr. Nur auf unebenem Gelände stolperte es noch ein halbes Jahr lang, ohne jeglichen Grund dafür zu haben. Es dachte einfach nur, daß es dort nicht laufen könne .... Nach einem halben Jahr war auch das vorbei.

Dies ist ein wunderbares Beispiel dafür, daß die Bach-Blütenessenzen großes Leid beseitigen und noch größerem vorbeugen können.

Das Larch-Pferd

Das Larch-Pferd versucht, sich unsichtbar zu machen. Es wird nie in der Box nach vorne laufen, um nachzuschauen, wer durch den Gang geht, obwohl es neugierig ist. Es ist weder melancholisch noch wird es sich aufdrängen, denn niemand erwartet es, da es ja nichts wert ist.

In der Herde stehen die Larch-Tiere auf der sozialen Hierarchiestufe stets noch ein Stückchen tiefer als die untersten Tiere.

Das Larch-Pferd läßt das Putzen gelassen über sich ergehen. Selbst wenn Sie ihm erzählen, wie prächtig und strahlend es geworden sei, wird es Ihnen nicht glauben und sich nach wie vor häßlich fühlen. Es faßt Ihre

Komplimente als vorgetäuscht auf und würde am liebsten im Boden versinken, was man ihm auch ansieht.
Bei der Arbeit ist es willig, jedoch ohne große Überzeugungskraft. Eine gute Ausstrahlung können Sie von diesem Pferd nicht erwarten. Es wird seine Übungen und alles, worum Sie es bitten, geduldig abarbeiten, jedoch ohne jeden Spaß und ohne Interesse.
Nähern Sie sich dem Pferd, so ist es wichtig, selbst fest 'im Sattel zu sitzen'! Denn die Ausstrahlung des Pferdes könnte Sie leicht anstecken, und Sie würden es dann genauso beurteilen wie es sich präsentiert: als einen Tollpatsch.
Sobald das Larch-Pferd dies merkt, haben Sie verloren, denn es spürt, was Sie denken – diese Tiere sind sehr zart besaitet und können unsere Gedanken lesen – und dadurch fühlt es sich in seinem Weltbild bestätigt. Sorgen Sie dafür, daß Sie nicht in diesen Teufelskreis geraten. Falls Sie bereits darin gefangen sind, so kommen Sie so schnell wie möglich wieder heraus!
Larch-Pferde sind etwas Besonderes, denn so tief sie sinken können, so hoch können sie auch aufsteigen. Gelingt es Ihnen, das Pferd aus dem negativen Larch-Zustand herauszuholen, gewinnen Sie einen Freund wie keinen zweiten, denn mit diesem Pferd können Sie – wie mit einem Menschen – sprechen. Es wird Ihnen auf ewig für seine 'Rettung' dankbar sein. (Verkaufen Sie das Pferd keinesfalls während des Heilungsprozesses, denn der Kontakt zu Ihnen tut ihm sehr gut, und es benötigt ihn auch weiterhin.)
Versuchen Sie, sich dem Pferd gegenüber so zu verhalten, daß Sie sein eigenes wertloses Selbstbild nicht bestätigen. Besonders wichtig ist dies während der Arbeit. Lassen Sie das Pferd keine Übungen durchführen, bei denen Sie unsicher sind, ob es diese bewältigen kann. Gönnen Sie dem Pferd eine Phase, in der es die Erfahrung machen kann, fähig und erfolgreich fähig zu sein. Sobald sein Selbstvertrauen mit Hilfe der Larch-Blütenessenz wächst, können Sie mit neuen und schwierigeren Aufgaben beginnen.

Der Larch-Hund

Der Larch-Hund hat ein wesentliches Selbstwertproblem, und das wahrscheinlich von klein auf. Den Larch-Typus findet man häufig bei Welpen von professionellen Züchtern, wo die Elterntiere bereits wenig Selbstachtung und Lebensfreude besaßen. Ewig in einem Käfig eingesperrt zu sein und bei jedem Wurf der Welpen beraubt zu werden, ist sicherlich nicht das, was ein sich selbst achtender Hund vom Leben erwartet.

Diese Lebenshaltung wird durch die jungen Welpen übernommen. Beginnen Sie sofort mit der Larch-Blütenessenzbehandlung, möglicherweise in Kombination mit der Mimulus- (konkrete Ängste) oder Aspen- Blütenessenz (nicht definierbare Ängste). Diese Tiere haben einen langen Heilungsprozeß vor sich.

Sorgen Sie weiterhin dafür, daß der Hund in seiner Lebenssituation so wenig wie möglich mit Ängsten konfrontiert wird! Achten Sie z.B. darauf, daß er den zugeworfenen Ball auch fangen kann, oder nehmen Sie ihm einen apportierten Stock aus dem Maul, bevor er ihn zu früh fallen lassen kann! Dann kommt der Hund zu der überraschenden Erkenntnis, daß ihm mehr gelingt, als er für möglich hält. Auf diesem oftmals schwer erworbenen Grund und Boden bauen Sie dann sein Selbstwertgefühl langsam weiter auf! Unternehmen Sie mehr mit dem Hund, gehen Sie öfter mal spazieren und wählen dann auch einmal einen Weg, auf dem man 'unheimlichen' Hunden begegnet! Gehen Sie ruhig in den Park, wo andere Hunde spielen und bleiben dann etwas nonchalant auf Abstand stehen!

Der Larch-Hund braucht nicht sofort mitzuspielen, sollte jedoch schon den Mut haben, auf die anderen Hunde zuzugehen und sich nicht hinter Ihnen zu verstecken.

Langsam aber sicher wird mittels dieser Methode und in Verbindung mit der Larch-Blütenessenz ein zufriedener, sehr feinfühliger Hund zum Vorschein kommen. Seien Sie nicht erstaunt, wenn Sie nach einiger Zeit merken, daß Ihr Tier sehr weise ist und Sie mit ihm viele 'Gespräche' führen können. Ob dies nun mit Worten geschieht oder nicht, spielt keine Rolle, sie verstehen einander und der Austausch ist ganz besonders intensiv!

Larch als Symptom-Blütenessenz

Manchmal widerfährt unserem Tier etwas, das es völlig aus der Bahn wirft. Das kann ein besonders aggressiver Anfall eines Artgenossen sein, mit dem es früher befreundet war oder eine ernste, tiefgehende Ablehnung (bewußt oder unbewußt) von seiten seines Menschenfreundes. Manche Hunde können dadurch vorübergehend in einen negativen Larch-Zustand fallen. Dafür ist die Behandlung mit der Larch-Blütenessenz in Kombination mit Star of Bethlehem und/oder Rock Rose ein geeignetes Hilfsmittel.

In Ihrer Haltung dem Tier gegenüber ist es ratsam, nichts forcieren zu wollen. Lassen Sie jedoch keinen Zweifel daran daß Sie, nachdem das abgewiesene Tier seine 'Wunden geleckt' hat – vielleicht erst nach einer Woche – sich wieder gemeinsam bemühen werden, die normale Situation wiederherzustellen: d.h. eine liebevolle und tatkräftige, beziehungsweise verständnisvolle und mitfühlende Haltung Ihrerseits. Während dieser Zeitspanne sollten Sie bei Ihrem Hund täglich einen kleinen Fortschritt in Richtung Wiederaufbbau seines Selbstvertrauens verzeichnen können. Auf jeden Fall sollten Sie sich und Ihrem Hund dies im voraus versprechen und gemeinsam mit diesem alles unternehmen, um diesen Zustand zu erreichen. Lassen Sie nicht zu, daß die Situation zu einem strukturellen Problem wird.

Mimulus

Das Mimulus-Tier ist ängstlich, nicht grundsätzlich, jedoch bei speziellen, erkennbaren Anlässen. Wir haben es auch hier wieder mit sehr zart besaiteten Tieren zu tun. Ihre Schutzschicht, mit der sie sich von der 'bösen' Außenwelt abschirmen, ist etwas zu dünn.

Es gibt deutliche Ursachen für Angst, wie z.B. Gewitter, knatternde Motorräder, Anhänger, Autos usw. Aber auch uns weniger bekannte und weniger zwingend erscheinende Umstände, können diesen Tieren Angst einjagen: z.B. ein bestimmter Schlafplatz oder eine Tür, durch die sie gehen müssen, eine Jacke oder ein Paar Schuhe oder Sandalen, die Sie sonst nicht tragen, und die beim Gehen ein anderes Geräusch erzeugen als sonst. Es ist oft unbegreiflich, weshalb der Mimulus-Charakter in bestimmten Situationen Angst hat. Auf jeden Fall sind es immer sichtbare Dinge, die seine Angst auslösen. Wenn Sie sehr aufmerksam sind, entdekken Sie auch, was es ist. (Anders als bei Aspen, wo die Angst oftmals selbst für das Tier nicht faßbar ist. Die Aspen-Angst resultiert eher aus mentalen Zuständen.)

Der Mimulus-Angst liegen also konkrete, äußere Anlässe zugrunde, sie ist greifbar. Sobald wir die Ursache für die Angst des Tieres erkannt haben, können wir an die Arbeit gehen.

Wir beginnen die Behandlung mit der Mimulus-Blütenessenz, die mit Larch kombiniert wird, falls es dem Tier auch an Selbstvertrauen mangelt. Abhängig von der jeweiligen (Angst-)Ursache können wir dem Tier dann zu verstehen geben, daß das Objekt vor dem es Angst hat, weder beißt, noch angreift, noch andere gefährliche Eigenschaften aufweist.

Die Mimulus-Angst kann gut behandelt werden, benötigt jedoch viel Geduld und Sicherheit. Die Devise ‘Zwei Schritte vor und einen zurück’ sollte bei dieser Angstform den Heilungsprozeß nicht bestimmen. Führen Sie lieber einen ganz langsamen schrittweisen Prozeß durch!

Das Mimulus-Pferd

Das Mimulus-Pferd ist ein scheues, schreckhaftes Pferd, das sich z.B. weigert, in eine bestimmte Ecke der Manege zu gehen; das sich draußen nicht an einem bestimmten Baum oder einem flatternden Stück Plastik vorbeiwagt; das zwar vielleicht keine Angst vor Gewittern hat, dafür aber vor knatternden Motorrädern. Das Pferd merkt selbst, daß es sich etwas merkwürdig verhält, kann sich aber trotzdem seiner instinktiven Angst nicht erwehren da es so viele ‘Gespenster’ in seinem Leben gibt. Als Mimulus-Pferd muß man einfach mit Gefahren rechnen, weshalb man sich auch nicht in den Schlaf säuseln lassen kann, denn dann wird man garantiert von dem unheimlichen Tiger, der sich hinter einem Strauch versteckt, angegriffen.
Mimulus-Pferde konnten sich nicht gut an die Gesellschaft der Menschen anpassen. Zart besaitet wie sie sind, wirken die Eindrücke, die sie empfangen, schnell wie eine spannungserzeugende Überdosis, so daß ihnen keine Zeit mehr bleibt, sie zu verarbeiten. Deshalb manifestieren sich die Eindrücke schließlich als starke Ängste.
Ein regelmäßiger Gang auf die Weide mit vertrauenswürdigen und möglichst immer denselben Herdengenossen tut diesen Tieren sehr gut. In ihrer natürlichen Umgebung können Sie sich mit ruhigem Gewissen vom Leithengst und der -stute führen lassen und die zu verarbeitenden Ängste auf das Normalmaß zurückführen. Unser Lebensstil ist einfach zu beeindruckend und intensiv für sie, so daß diese Pferde das Erlebte nicht verarbeiten können, weshalb es sich dann in Form von Ängsten niederschlägt. Gönnen Sie den Mimulus-Pferden ein geregeltes und einfaches Leben und bringen Sie für ihre Ängste Verständnis auf! Gewähren Sie ihnen jedoch

keinen weiteren Raum, denn damit würden Sie die Ängste unnötigerweise schüren.

Einem Pferd, das sich nicht in eine bestimmte Ecke der Manege traut, das eine bestimmte Tür oder Klappe nicht durchschreiten will, muß geholfen werden, indem man ihm Verständnis entgegenbringt, ihm aber trotzdem zeigt, daß es den Weg gehen muß!

Man kann den Versuch unternehmen, einen Herdengenossen vorgehen zu lassen, oder, falls keiner verfügbar ist, selbst als Leitpferd zu fungieren (als leitende, sichere, vertrauenswürdige, weise Stute): laufen Sie einfach vor Ihrem Pferd her! Schauen Sie sich nicht um, ob das Pferd Ihnen folgt .... zweifellos wird es folgen. Tut es dies dennoch nicht, dann schauen Sie sich trotzdem nicht um, sondern geben ihm einen Tic mit der Dressurpeitsche auf die Hinterhand! Nehmen Sie das Pferd am Halfter oder ziehen Sie es an den Zügeln! Ihr Pferd wird Ihnen dann wie immer folgen. Reagiert es allerdings mit Schnauben oder indem es sich aufbäumt, drehen Sie einfach noch eine weitere Runde! Nehmen Sie etwas Abstand von seinem 'Gespenst' und reden Sie Ihrem Pferd gut zu!

Schauen Sie das 'Monster' an, sprechen Sie auch mit dem 'Monster' und kraulen Sie Ihr Pferd währenddessen sanft, aber kräftig mit den Fingern unter der Mähne (Entspannungspunkt)! Gehen Sie danach in einem bestimmenden, aber ungehetzten Gang voran, wie vorher beschrieben.

Haben Sie es mit einem sehr ängstlichen Pferd zu tun, das ein Hindernis passieren muß, und können Sie nicht darauf warten, daß die Mimulus-Blütenessenz seine emotionale Standfestigkeit verbessert, so arbeiten Sie wie vorher beschrieben – streuen jedoch zuvor Leckereien auf den Weg! Oder geben Sie Ihrem Pferd z.B. nach jedem zehnten Schritt eine Belohnung, die Sie ihm neun Schritte lang vor die Nase gehalten haben! Auf diese Weise lenken Sie es von seinem 'Gespenst' ab! Das Pferd wird zu seiner eigenen Verwunderung daran vorbeigehen, ohne daß es sein Leben gekostet hat.

Der Mimulus-Hund

Ein etwas verlegener, zurückgezogener Hund, der fast immer zur Kategorie der Beta-Hunde gehört. Seine Ängste entstanden dadurch, daß er verschiedene unheimliche Dinge in seinem Leben nicht verarbeiten konnte, wie z.B. einen längeren Streit zu Hause, bei dem die Türen geschlagen wurden. Der Hund hat keine Angst vor der schlagenden Tür als solcher, assoziiert diese jedoch mit einer sehr unangenehmen Stimmung, auf die er in seiner Feinfühligkeit reagiert.

Er ist auch dann verängstigt, wenn die Stimmung des Herrchens schlecht ist.

Mimulus-Hunde durchleben z.B. beim Silvesterfeuerwerk eine schreckliche Zeit und verstecken sich oft unter dem Tisch. Beim Ballspiel sind sie zwar bereit mitzumachen, sind allerdings unsicher, ob der Ball womöglich explodiert. Läuft der Hund durch eine Türöffnung, besteht die Gefahr, daß die Tür zuschlägt und ihn verletzt. Eine Treppe kann man ja noch hinauflaufen, aber offene Stufen bergen schon die Gefahr, vom 'bösen Geist der Treppe' in die Tiefe gezogen zu werden.

Mimulus-Hunde sind eigentlich brav und werden nur durch ihre Ängste oft zu schwierigen Hausgenossen, da man mit ihnen recht wenig unternehmen kann.

Die Mimulus-Blütenessenz, möglicherweise in Kombination mit Larch, kann in solchen Fällen von großer Hilfe sein, besonders in Verbindung mit einer von Ihnen ausgehenden ruhigen Haltung. Spielen Sie ruhig ein wenig die Mutterglucke, bei der sich Ihr Hund ein bißchen wärmen kann! Bestätigen Sie den Hund nicht in seinen Ängsten, indem Sie seine 'Gespenster' ernst nehmen! „Hast du vor dem Gewitter Angst? Das brauchst du gar nicht. Komm einmal her, ich werde dir helfen und dir deinen Nageknochen geben. Oder laß uns ruhig spielen, damit du das Gewitter vergißt!"

„Traust du dich nicht an der großen Bulldogge dort vorbei? Ja, sie kann dir doch nichts tun, denn sie ist angeleint. Obendrein bin ich auch noch da. Wenn es nötig ist, schlage ich für dich dem sturen Jungen da drüben auf die Nase. Komm, lauf dicht neben mir, dann kann dir nichts gesche-

hen! Ja, an der anderen Seite. Genau, gut so. Merkst du, daß es gar nicht so schlimm ist? Schön, gut gemacht! Nun laufen wir ein bißchen oder spielen ..."
Auf diese Weise können Sie Ihrem Hund dabei helfen, die 'Gespenster' als das anzusehen, was sie in Wirklichkeit sind: vielleicht durchaus als furchterregende Dinge, aber nichts, wovor man sich in Todesangst verkriechen müßte.

MIMULUS ALS SYMPTOM-BLÜTENESSENZ

Ängste können ganz plötzlich entstehen, manchmal aus Gründen, die für uns Menschen verständlich sind, manchmal auch aus unverständlichen Gründen.
Es ist gut zu wissen, weshalb eine plötzliche Angst auftritt. Es verbessert Ihr Verständnis und gibt Ihnen eine Richtlinie, wie Sie am besten auf Ihr ängstliches Tier zugehen können. Jedoch auch dann, wenn Sie nicht wissen, aus welchen Gründen eine plötzliche Angst entsteht, können Sie noch sehr gut mit der Mimulus-Blütenessenz arbeiten. In Kombination mit einer – vielleicht temporären – ruhigen, regelmäßigen und bewußt gesunden Lebensweise für Ihr Tier, werden Sie schnell positive Resultate erzielen.

Mustard

Mustard-Tiere verlieren vorübergehend Ihre Lebensfreude. Sie sind nicht ständig melancholisch: Ihre Stimmung schwankt; ohne erkennbaren Grund kann das Tier in tiefe Melancholie versinken. Es scheint, als ob es Zeuge eines schrecklichen 'Weltendramas' geworden wäre, von dem wir Menschen nichts erfahren haben. Normalerweise verflüchtigt sich die Wirkung des 'Weltendramas' nach einiger Zeit wieder oder die 'Verbindung' zu ihm wird unterbrochen. Langsam findet unser Mustard-Tier wieder zu sich selbst zurück.

Wir haben es also mit einem Gemütszustand zu tun, der von selbst vorübergeht. Dies macht die Analyse etwas schwieriger. Wenn man den Zustand bemerkt und gerade zu überlegen beginnt, welche Gründe dafür vorliegen könnten, verhält sich das Tier – ehe man sich's versieht – schon wieder normal. Wiederholt sich der Zustand und vermuten Sie, nachdem Sie die Melancholie bemerkt haben, einen negativen Mustard-Zustand, ist auch dieser Anflug schon wieder vorüber.

Es stell sich die Frage, ob es nötig ist, diesen Gemütszustand zu behandeln, denn er verschwindet ja immer wieder von selbst.

Mustard ist eine Blütenessenz, die ich persönlich selten verwende, doch der Vollständigkeit halber folgt eine kurze Beschreibung.

Das Mustard-Pferd

Das Mustard-Pferd ist an und für sich ein normales, lustiges und arbeitswilliges Tier. Es läßt sich ruhig bürsten und macht beim Reiten wenig

Schwierigkeiten. Auf der Weide nimmt es nicht so ohne weiteres an Spielen teil, sondern betrachtet diese eher amüsiert aus einigem Abstand. Doch plötzlich werden Sie den Eindruck gewinnen, daß das Pferd sich bleischwer fühlt und den Anschein erweckt, als kämpfe es mit einer schweren Grippe. Es kann nur schwer ein Bein vor das andere setzen und läßt den Kopf hängen. Die Aufmerksamkeit für die Herdengenossen oder für Aktivitäten jeglicher Art verfliegt. Der Blick ist nach innen gerichtet. Das Tier leidet.

Kraulen Sie das Pferd, bis diese Gemütsverfassung vorüber ist – obwohl das wie Unsinn klingt, denn niemand hat die Zeit dafür, und das Pferd wird sich aus Ihrer ständigen Anwesenheit keinen Reim machen können. Schenken Sie dem Pferd Liebe, Liebe und nochmals Liebe und geben Sie ihm die Mustard-Blütenessenz! Im allgemeinen wird diese Situation nicht länger als ein oder zwei Tage andauern. Kehren die 'Anfälle' wieder, so arbeiten Sie strukturell mit den Blütenessenz und verabreichen Sie sie eventuell über ein halbes Jahr.

Passen Sie bei einem 'Anfall', wenn möglich, die Arbeit einigermaßen an! Die Melancholie an sich kostet das Pferd schon so viel Energie, daß alles, was man darüber hinaus noch von ihm verlangt, einem Raubbau seiner Kräfte gleichkommt.

Sie müssen mit dem Pferd etwas unternehmen, denn Ablenkung ist nötig. Äußere Reize können allerdings zu einer Überreaktion führen. Versuchen Sie, mit dem Pferd spazierenzugehen, zu longieren oder auszureiten, möglicherweise in Begleitung eines anderen Pferdes!

DER MUSTARD-HUND

Der Mustard-Hund ist ein braves, ruhiges Tier, das in der Familie wenig auffällt und außerhalb der normalen Bedürfnisse – wie Essen, Trinken, Spazierengehen und gelegentlich etwas Spielen – nicht viel Aufmerksamkeit benötigt. Ein begeisterter Spieler ist er ohnehin nicht. Den Stock, den Sie für ihn werfen, wird er aus Anstand zurückbringen, aber das Spiel an sich liegt ihm gar nicht.

Der Mustard-Hund schließt Freundschaften, obwohl er recht in sich gekehrt zu sein scheint. Er möchte gerne Kontakt zu einem anderen Hausgenossen herstellen, einen Kontakt den er 'handhaben' kann, er sucht einen Felsen in der Brandung als Partner. Kommt ein negativer Mustard-Zustand über den Hund, so ist dieser unverkennbar. Das Tier bekommt einen abstoßenden, melancholischen Augenaufschlag, scheint sich für nichts mehr zu interessieren und wirkt so, als ginge die Welt gleich unter. Nur wir armseligen Menschen begreifen dies noch nicht oder stecken unseren Kopf in den Sand. Wir sollten uns besser auf das uns erwartende unvorstellbare Elend vorbereiten.
Der Hund begreift dann unsere Versuche nicht, ihn davon zu überzeugen, die Welt mit mehr Leichtigkeit zu betrachten. Dies erscheint ihm als kurzsichtig, und er kann es nicht für sich annehmen. Mit viel Liebe, Knuffen und Mitgefühl kann er sich langsam in die beschützende Wärme seines Menschenfreundes begeben und von da aus den Weg zurück zu sich selbst finden.
Die Mustard-Blütenessenz hilft dem Hund bei diesem Prozeß und beugt neuen Anfällen vor! Bei einer strukturellen Unterstützung von mindestens einem halben Jahr Dauer kann die Mustard-Blütenessenz helfen, die 'Anfälle' gänzlich zum Verschwinden zu bringen.

MUSTARD ALS SYMPTOM-BLÜTENESSENZ

Als Symptom-Blütenessenz würde ich die Mustard-Blütenessenz nicht so schnell einsetzen. Eine kurzzeitige, traurige Phase kann man immer mit viel Liebe auffangen, ohne daß die Blütenessenz herangezogen werden muß.
Die Mustard-Blütenessenz trägt eher dazu bei, daß die traurigen Phasen nicht wieder auftreten.
Haben wir es mit einem melancholischen Tier zu tun, das gerade einen 'Anfall' erleidet, so kann die Mustard-Blütenessenz sicherlich unterstützend wirken und in Verbindung mit einem liebevollen Umgang das Tier schneller aus diesem Zustand herausholen.

Oak

Oak-Tiere sind sehr harte Arbeiter und prestigeorientiert (in vielen Fällen sogar echte 'Placker'). Sie geben nicht auf, beißen sich an ihrer Aufgabe fest, machen bis zum 'Umfallen' weiter und werden, koste es was es wolle, diese Aufgabe zu einem guten Ende führen. Oak-Tiere sind starke Persönlichkeiten mit einem enormen Durchhaltevermögen, die viel Kraft, Energie und eine selbstverständliche Überlegenheit ausstrahlen. Es sind wahre Führernaturen, denn in schwierigen Situationen sind sie in der Lage, nicht nur für sich selbst, sondern auch für andere eine Lösung zu finden.

Bei den Oak-Tieren merken Sie erst sehr spät, daß sie am Ende ihrer Kräfte oder wirklich krank sind. Eine Krankheit oder körperliches Unwohlsein ist für sie von geringer Bedeutung, und sie werden sich davon nicht von ihren Aktivitäten abhalten lassen.

Oak-Tiere sind fantastische Lebensgefährten. Besitzen Sie ein solches Tier, so müssen Sie sehr sorgsam mit ihm umgehen!

In dem Moment, da diese Tiere die Oak-Blütenessenz benötigen, wenn sie sich z.B. aufgrund ihres Durchsetzungsvermögens überanstrengt haben und nun – körperlich wie geistig – erschöpft sind, brauchen sie konkrete Hilfe. Sie sind dann bereits ein ganzes Stück von ihrem Weg abgekommen, was sie allerdings erst sehr spät nach außen hin zeigen.

DAS OAK-PFERD

Das Oak-Pferd wird oft von der Herde zum Leithengst oder zur Leitstute berufen, denn es ist von Natur aus nicht dominant und wird seine Führungsposition nicht erzwingen. Ohne eigenes Zutun wird ihm diese Stellung angetragen, denn die anderen Pferde erkennen die Überlegenheit des Oak-Pferdes an.

Das Oak-Pferd ist auf der Weide, wie auch im Stall, ruhig und ausgeglichen, oftmals kräftig gebaut und nicht besonders temperamentvoll. Dieser Charakter gerät nicht so schnell aus dem Gleichgewicht, selbst dann nicht, wenn es im Stall brennen sollte. Das Oak-Pferd sucht ohne viel Aufsehen einen Ausweg für sich und damit auch für seine Herdengenossen.

Wird es geputzt, wartet das Oak-Pferd geduldig wie ein weiser Vater, bis das Menschenkind sein Werk abgeschlossen hat. Es legt viel Wert auf die Pflege, denn es hält seinen Körper, sein Fell und seine Hufe usw. in guter Kondition.

Bei der Arbeit ist es geduldig und unermüdlich, es ist jedoch kein allzu schneller Schüler. Es wird vieles von dem, was Sie von ihm verlangen, erst einmal auf seinen Wert hin überprüfen, bevor ihm ein Plätzchen im Gehirn eingeräumt wird.

Das Oak-Pferd ist von unschätzbarem Wert bei Ausritten und der Arbeit im Gelände, wie z.B. beim Cross Country oder beim Military. Stur und ausdauernd wird es alles geben, was es zu bieten hat – und noch ein bißchen mehr.

Das Pferd muß gut beobachtet werden, denn ein Lahmen, Prellungen oder Wunden könnten Sie sonst zu spät bemerken, da das Pferd nicht darauf aufmerksam macht. Es betrachtet sie als nicht bemerkenswert und meint, sich nicht um Verletzungen kümmern zu müssen.

In natürlicher Umgebung spielt dies auch keine Rolle, denn eine physische Verletzung heilt wieder aus. Bei unserer Pferdehaltung jedoch ist es anders, denn da wir die Tiere körperlich belasten und von ihnen verlangen, daß sie arbeiten, wird z.B. das Lahmen für das Tier zu einer echten Anstrengung, ganz anders, als wenn es nur sein eigenes Gewicht tragen müßte.

Der Oak-Hund

Der Oak-Hund ist eine Führernatur. Merken Sie dies nicht, so wird er Ihnen zeigen, wohin ihr täglicher Spaziergang führt und Sie werden wie selbstverständlich auf sein Geheiß hin umkehren, ohne zu begreifen, daß er die Führung übernommen hat. An sich ist dies nicht schlimm, wenn Sie beide damit zufrieden sind, doch sollten Sie es als einen eindeutigen Hinweis auf den Oak-Charakter Ihres Hundes ansehen. Sicher wurde bereits deutlich, daß wir es ausschließlich mit Alpha-Hunden zu tun haben. Ihre Stärke ist so natürlich, daß es selten zu Kämpfen kommt. Läßt er sich doch auf Kampf ein, so ist dies meist das Resultat seiner 'Verstädterung', die zur Folge hat, daß er keine natürlichen Signale mehr empfangen kann.

Der Oak-Hund ist im Umgang sehr unproblematisch. Obwohl er ein Alpha-Hund und ein Führer ist, findet er es trotzdem gut, wenn Sie die tägliche Route bestimmen und ihm sagen, was er tun soll und was nicht. „Wir leben ja stets in deiner Menschenwelt, und da kennt du dich besser aus!" Es wäre dumm von ihm, wenn er diesem 'Dolmetscher' nicht folgte. Doch passen Sie auf! Glaubt der Oak-Hund, daß etwas nicht stimmt und zwingen Sie ihn kraft Ihrer Macht oder durch Überrumpelung dazu, dann geraten Sie in große Schwierigkeiten. Er wird trotzdem nur dann bereit sein, Ihnen Folge zu leisten, wenn Sie ihm begreiflich machen können, weshalb Sie es von ihm verlangen, und wenn Sie dabei seinen instinktiven Widerwillen respektieren. Oak-Hunden befiehlt man nicht, sondern man bittet sie. Achten Sie darauf, daß Ihre Beziehung immer auf gegenseitigem Respekt basiert!

Oak als Symptom-Blütenessenz

Die Oak-Blütenessenz wird sehr oft für die oben charakterisierten Tiere verwendet, wenn Sie von ihrem Ziel abgewichen sind und einen zeitweiligen Zusammenbruch erleiden. Bei Hunden kommt dies seltener vor, da die Anforderungen, die wir in unserem täglichen Leben an Hunde stellen, für sie nicht so schwer zu bewältigen sind. Arbeiten sie allerdings in einem

Schlittengespann, so sind die Hunde sicherlich in der Gefahr, sich gänzlich zu erschöpfen. In solchen Fällen benötigen die Hunde, oder auch Pferde, die Oak-Blütenessenz.

Olive

Die Olive-Blütenessenz symbolisiert Ruhe und Frieden nach einer heftigen Aufregung – denken Sie an den Olivenzweig der Taube auf der Arche Noah!

Olive ist eine sehr wertvolle Kraft für jeden, der zeitweise vollkommen erschöpft ist.

Die Olive-Blütenessenz kann nicht als Typen-Blütenessenz charakterisiert werden. Man verwendet sie bei echter, tiefer Erschöpfung, nach einer harten physischen oder geistigen Anstrengung oder nach einer Krankheit, einer schweren Schwangerschafts- oder Stillzeit.

Um herauszufinden, ob ihr Pferd oder ihr Hund die Olive-Blütenessenz benötigt, gilt es zu erkennen, ob eine besonders tiefgehende Müdigkeit vorliegt. Gibt es keinen Anhaltspunkt dafür, so ist die Olive-Blütenessenz auch nicht angezeigt.

Vielleicht finden Sie dann z.B. eine Lösung mit Hornbeam: träge Müdigkeit und keine Lust, neue Dinge zu beginnen; bzw. mit Larch oder Mimulus: nicht den Mut dazu haben, etwas zu beginnen.

Betrifft es einen Hund, so ist viel Schlaf ein deutliches Erkennungszeichen für den negativen Olive-Zustand. Ein Pferd würde oft passiv herumstehen und schon das Grasen auf einer saftigen Weide als ermüdend empfinden.

Viele Tiere im negativen Olive-Zustand lassen ihr Futter stehen. Prima! Zwingen Sie sie nicht! Sie wissen instinktiv, daß die Verdauung Energie kostet, die sie derzeit nicht zur Verfügung haben. Es ist also sinnvoll, einen Fastentag (oder eine -periode) einzulegen.

Selbstverständlich ist Ruhe ein wichtiger Faktor für die Genesung dieser Tiere, doch ist sie allein oftmals nicht ausreichend. Das Tier kann leicht der Olive-Stimmung negativ verhaftet bleiben und in ein apathisches, lustloses Fahrwasser abdriften, unerreichbar für äußere Reize und bar jeder Lebensfreude.
Treffen Sie auf ein Tier in einem übermüdeten Zustand und diagnostizieren dabei einen negativen Olive-Zustand als Ursache, dann sollten Sie es zunächst noch ein bis zwei Tage beobachten! Stellen Sie keine Besserung fest, so verabreichen Sie – ohne länger zu zögern – die Olive-Blütenessenz!

Pine

Das Pine-Tier fühlt sich schuldig und verkriecht sich, noch bevor irgend jemand 'böse' wird. Es ist stets davon überzeugt, daß – was immer auch schief geht – es als Schuldiger identifiziert wird. Es war ja anwesend, schon deshalb trifft es die Schuld (siehe das Pine-Pferd).

Das Leben der Pine-Tiere entbehrt jeglicher Lebensfreude. Die Ausstrahlung der Tiere gleicht manchmal der eines verbeulten Autos, da sie schon viele 'Schläge' im Leben einstecken mußten. Pine-Tiere entschuldigen sich schon fast für ihre Existenz. Man bemerkt sie kaum, denn sie drängen sich nicht auf. Die Tiere meinen, von Ihnen keine Aufmerksamkeit erwarten zu dürfen. Das liegt sicherlich daran, daß sie Sie einmal verärgert haben. Deshalb werden sie auch nicht um Aufmerksamkeit bitten.

Das Pine-Tier ist schwer vom Larch-Tier zu unterscheiden, denn beide versuchen, nicht aufzufallen und beiden fehlt die Lebensfreude.

Man kann sie jedoch trotzdem unterscheiden, denn das Pine-Tier ist bereit, bei der Arbeit oder beim Spiel die Initiative zu ergreifen, was das Larch-Tier sich nicht zutraut oder woran es zweifelt. Läuft etwas schief, so fühlt sich das Pine-Tier sofort dafür verantwortlich. Niemals würde es auf die Idee kommen, daß es an einem Fehler des Herrchens oder des Reiters gelegen haben könnte, und niemals würde es Widerstand leisten.

Das Tier läßt sich viel zu leicht bestrafen und widersetzt sich dabei nicht: nicht aus Angst, sondern aus der Überzeugung heraus, daß die Strafe zu Recht erteilt wird. Seine Strafe empfängt es fast stolz. Demgegenüber schrumpft das Larch-Tier vor Angst in sich zusammen, wenn ihm eine Strafe erteilt wird.

DAS PINE-PFERD

Das Pine-Pferd ist leicht im Umgang, läßt sich ruhig von Ihnen bürsten, erwiedert Ihren Gruß, besitzt jedoch keine Eigeninitiative.
Es arbeitet gern und zeigt Ihnen auch, wie gut es alles kann, um dann völlig entmutigt zu werden, wenn etwas schief läuft.
Das Pine-Pferd hält brav still, wenn Sie aufsteigen und folgt willig den gegebenen Hilfen. Beim ersten Sprung hebt es voll Begeisterung genau dann ab, wenn der Reiter es angibt. Beging der Reiter einen Fehler, so daß vielleicht ein Stück des Hindernisses abgeschlagen wurde, so fühlt sich das Pferd dafür im selben Maße verantwortlich, als wenn es sein eigener Fehler gewesen wäre. Es ist sehr wichtig, dem Tier immer wieder Bestätigung zukommen zu lassen und sich nie an der Selbstkasteiung des Tieres zu beteiligen.
Ruhige Arbeit, die dem Tier gut gelingt und womit es Ehre (= Komplimente) einheimsen kann, ist der geeignete Umgang mit dem Pine-Pferd. Passen Sie die Arbeit für ein paar Wochen dieser Art an und verwenden die Pine-Blütenessenz, so werden Sie schon bald wieder ein lebenslustiges Pferd reiten können. Seine Ausstrahlung wird wieder stark und dynamisch.

DER PINE-HUND

Der Pine-Hund ist ein Duckmäuser. Beim geringsten Vorfall schaut er schon schuldbewußt drein und zieht sich in der Überzeugung, nicht länger Interesse zu verdienen, aus dem Blickfeld zurück. Halten Sie in Ihrem Haus mehrere Tiere, und hat eines von ihnen etwas angestellt? Das Verhalten des Pine-Hundes wird Sie – wenn Sie nicht sehr gut aufpassen – dazu verleiten, ihn für den 'Bösewicht' zu halten.
Der Pine-Hund sucht gern Kontakt und ist für jede Form der Aufmerksamkeit dankbar. Auch Spiele und Spaziergänge macht er gerne mit, jedoch mit einer sicheren Zurückhaltung, denn er ist stets ängstlich, etwas verkehrt zu machen.

Das Tier stellt hohe Anforderungen an sich selbst, und kann es nur schwer verkraften, wenn es diese nicht erfüllt.
Ein Beispiel: Sie spielen mit einem Ball und werfen ihn weg. Meistens fängt der Hund ihn im Flug – dieses Mal jedoch nicht. Der Ball fällt zu Boden. Das Ergebnis ist, daß der Pine-Hund, wie von einer fremden Macht gerufen, vom Ball und vom Spiel wegläuft – langsam, ganz schuldbewußt und mit eingezogenem Schwanz.
Der Pine-Hund benötigt die Bestätigung, daß er viel weniger Fehler macht, als er selbst denkt, und daß wir, falls ihm doch mal ein Fehler unterläuft, dies gar nicht so schlimm finden. Oft handelt es sich um Hunde, die eine strenge Erziehung 'genossen' und davon einen gewissen Schuldkomplex zurückbehalten haben. Überzeugen Sie den Hund davon, daß Fehler gar nicht nötig, gleichwohl aber 'natürlich' sind! Bestrafen Sie den Pine-Hund nicht allzu sehr und lassen Sie seinen Fehlern keine harten Konsequenzen folgen!
Der Pine-Hund ist selbstverständlich ein Beta-Hund. Schon aus diesem Grund darf er nicht hart bestraft werden. Eine leicht zurechtweisende Stimme ist in den meisten Fällen schon ausreichend. Mehr würde oftmals das Gegenteil bewirken.

Red Chestnut

Die Red-Chestnut-Blütenessenz wird selten als Typen-Blütenessenz eingesetzt. Die Zustände eines Red-Chestnut-Energiemangels sind fast immer temporär. Es gibt nur wenige Tiere, auf die diese Charakteristik zutrifft, und wenn, dann sind es vor allem Hunde. In ihrem Fall kann die strukturelle Behandlung mit Red Chestnut sinnvoll sein.

Typisch für den negativen Red-Chestnut-Zustand ist eine sehr tiefe, fast krankhafte Bindung zwischen zwei Tieren oder zwischen Mensch und Tier. Man hat den Eindruck, daß das Tier sich den ganzen Tag damit beschäftigt, auf sein Herrchen, den Reiter oder den Pfleger zu warten, nicht des sozialen Kontaktes wegen, sondern eher um aufzupassen und sich zu vergewissern, daß alles in guten Bahnen verläuft.

Das Red-Chestnut-Tier öffnet sich anderen Lebewesen nicht leicht Offenheit zeigt es nur seinem engstem Lebensgefährten gegenüber. Dies deshalb, weil die wenigen Auserwählten einen derart großen Raum in seinem Herzen einnehmen, daß für andere kein Platz mehr bleibt.

Das Tier beschneidet sich selbst damit, denn es kommt selten vor, daß wir uns mehr als ein paar Stunden pro Tag mit ihm beschäftigen können. Die übrigen Stunden existiert für das Tier die Welt nicht mehr, denn dann wartet es ja auf Sie. Dies ist ungesund und verursacht Verkrampfungen, die schnell mentale oder physische Folgen haben können.

Im allgemeinen ist der von negativer Red-Chestnut-Energie hervorgerufene Zustand temporär. Er entsteht häufig durch eine plötzliche, schlecht verarbeitete Trennung von einem liebgewonnenen Besitzer, wodurch seinem Stellvertreter eine übertriebene Anhänglichkeit entgegengebracht wird.

DAS RED-CHESTNUT-PFERD

Das Red-Chestnut-Pferd ist ein einfaches und gut zu handhabendes Pferd. Es reißt allerdings fast die Box ein, wenn sein Auserkorener, der zum Kreis der Geliebten gehört, sich nähert. Das Red-Chestnut-Pferd kommt auf der Weide wie von Sinnen auf Sie zugestürzt, wenn Sie es rufen. Dies sehen wir eigentlich sehr gern, doch lieber in gemäßigter Form. Es ist zwar schön, daß das Pferd angerannt kommt, doch sind wir nicht der lang ersehnte Retter, der ins fast abgebrannte Haus kommt, in dem das Red-Chestnut-Pferd eingeschlossen war.

Das Red-Chestnut-Pferd schaut Sie, wenn es geputzt wird, immerfort an und schnappt vielleicht sachte nach Ihnen – nicht spielerisch, sondern besitzergreifend. Es möchte Sie nicht mehr verlieren und läßt Sie nicht mehr fort.

Beginnen Sie mit diesem Pferd zu arbeiten, müssen Sie erst einmal eine gewisse Zurückhaltung seitens des Tieres überwinden. Es ist überhaupt nicht auf seine Arbeit konzentriert. Es schaut Sie lieber an oder berührt Sie, als daß es Sie auf seinem Rücken trägt, und versucht stets, Ihre Aufmerksamkeit zu fesseln. Erst wenn Sie einige Zeit geduldig mit ihm gearbeitet haben, wird es anfangen, sich zu konzentrieren, und Sie können dann erst mit der eigentlichen Arbeit beginnen.

Es ist sehr wohl möglich, daß ein Stallgenosse, vielleicht sogar die Stallkatze, sein Schützling und Auserkorener ist. In diesem Fall können Sie das oben beschriebene Verhalten in bezug auf den Stallgenossen oder die Katze erwarten.

Der große Nachteil des negativen Red-Chestnut-Zustandes ist das unerträgliche Benehmen des Pferdes in den Stunden, in denen der/die Auserkorene nicht anwesend ist.

Dem Pferd muß rasch mit der Red-Chestnut-Blütenessenz geholfen werden, in Verbindung mit einem liebevollen, aber konsequenten Durchgreifen im Sinne von „Mach keinen Unsinn, liebes Pferd!“ Das Tier sollte nicht übertreiben und man sollte es gegebenenfalls mit kräftiger Stimme in seine Grenze verweisen.

Der Red-Chestnut-Hund

Der Red-Chestnut-Hund ist oft, jedoch nicht immer, ein Alpha-Hund. Bei den Schäferhundrassen kommt die negative Red-Chestnut-Energie häufiger vor. Die Verpflichtung zum Zusammenhalten seiner 'Herde', der Familie, sitzt dem Schäferhund so in den Knochen, daß er dabei leicht zu weit gehen kann und in den negativen Red-Chestnut-Zustand verfällt. Der Hund wird außerordentlich nervös, wenn die Familie während eines Spazierganges nicht zusammenbleibt. Es wird für den Hund noch schlimmer, wenn eines der Familienmitglieder weiterläuft und die anderen sich verstecken. Dabei wird er schier verrückt.
Dieses nervöse Verhalten kann sich noch steigern: Der Hund fängt möglicherweise sogar an zu drohen, zu knurren oder in die Fersen zu beißen, um die Herde zusammenzutreiben, denn das ist seine Aufgabe und seine Verantwortung.
In vernünftigen Grenzen darf der Hund das natürlich auch. Wird das Verhalten jedoch neurotisch, geht es auf Kosten des Hundes, und er benötigt die Red-Chestnut-Blütenessenz.
Red-Chestnut-Hunde können oftmals nicht allein bleiben und müssen ihre Lieben zumindest tagsüber sehen können. Auch wenn Sie sich nicht um sie kümmern können, möchten die Red-Chestnut-Hunde Sie doch um sich haben.

Red-Chestnut als Symptom-Blütenessenz

In dieser Funktion wird die Blütenessenz am häufigsten eingesetzt. Oft handelt es sich bei diesen Zuständen von übertriebener und ungesunder Fürsorge um vorübergehende Phasen, manchmal auch um die Folgen einer unverarbeiteten Trennung. Das emotionale Defizit, das durch die Trennung entstand, ist so groß, daß das Tier sich nicht mehr allein zurechtfindet. Aus Angst vor einer weiteren Trennung möchte es Sie stets in seiner direkten Umgebung wissen.

Rock Rose

Die Rock-Rose-Blütenessenz ist – wie Olive – nicht leicht als Typen-Blütenessenz zu charakterisieren. Es ist eine typische Erste-Hilfe-Blütenessenz und wird auch meist in diesem Sinne eingesetzt. Abgesehen von Fällen panikartigen Schreckens oder plötzlicher Angst, die mit anderen Hilfsmitteln nicht behandelt werden können, setze ich die Rock-Rose-Blütenessenz nur sehr selten ein.

Es ist eine fantastische Blütenessenz im Falle eines Unfalls, einer ernsten Wunde oder Ähnlichem. Ist der hiermit verbundene Schock so stark, daß das Pferd auf den Beinen schwankt, oder der Hund (oder die Katze) das Bewußtsein verliert, so ist diese Blütenessenz eine große Hilfe. Rock Rose verrichtet dann Wunder und deshalb sollte jeder diese Blütenessenz in seinem Standartrepertoire haben.

In einer Schocksituation – oft nach einem Unglück – kann die Rock-Rose-Blütenessenz ihre Kräfte wunderbar entfalten.

Verabreichen Sie die Rock-Rose-Blütenessenz, so ist es ratsam, danach für einige Wochen die Star-of-Bethlehem-Blütenessenz zu geben, welche die Langzeitfolgen des Schreckens oder Schocks behandelt.

ROCK WATER

Rock Water spricht starre und wenig zugängliche Tiere an, die sich selbst und ihre Aufgaben sehr ernst nehmen. Zum Spielen oder sich Vergnügen haben sie keine Zeit, allein der Gedanke daran ist unter ihrer Würde.
Rock-Water-Tiere sind nicht wirklich arrogant, doch sie sind so sehr von der Ernsthaftigkeit des Lebens überzeugt, daß Spiel und Entspannung aus diesem Grunde als etwas Minderwertiges angesehen werden.
Nähern Sie sich einem solchen Tier in einer fröhlichen und witzigen Weise, da Sie guter Laune sind, so können Sie sicherlich mit einer Abweisung rechnen.
Rock-Water-Tiere sind bereit, mit Ihnen zu kommunizieren, wenn Sie sich ernst benehmen und genau wissen, weshalb Sie gekommen sind. Möchten Sie nur eben dem Tier etwas Aufmerksamkeit schenken oder kurz mit ihm klönen, – schlimmer noch: sogar mit ihm knuffen –, so verliert es schnell das Interesse an Ihnen, wendet sich ab, um dabei weiterzumachen, womit es vorher befaßt war. Beschäftigt sind die Tiere im negativen Rock-Water-Zustand sowieso immer, ob sie nun fressen, ihr Fell versorgen oder auf etwas achtgeben. Ein wunderbares Beispiel ist der Rock-Water-Hund, der in völliger Hingabe Fernsehen schaut. Er versteht den Inhalt nicht, denn es kommen ja keine Tierlaute oder sonstig Bekanntes vor, doch knurrt er, sobald man ihn anspricht: Er ist natürlich sehr beschäftigt!
Das Rock-Water-Tier ist im Umgang ein schwieriges Tier, das Sie sicherlich nicht für sich einnimmt. Im Gegenteil: Lieber weist es Sie zurück. Man bekommt den Eindruck, daß hinter der starren, etwas hochmütigen

Haltung kein Gefühl steckt und es sehr schwierig ist, an das Tier heranzukommen. Sie müssen jedoch mit großer Ausdauer versuchen, eine gute Beziehung zu dem Tier herzustellen. Nehmen Sie sich vor, den Granit – wie auch immer – zu durchbrechen, bis das eingeschlossene Tierherz befreit ist.
Das Tier benötigt Liebe und Aufmerksamkeit. Trotzdem werden Sie viel Mut und Durchhaltevermögen aufbringen müssen, denn das Tier wird auf Ihre Annäherungsversuche erst einmal nicht reagieren und sie längerfristig zurückweisen. Jedes Lebewesen benötigt jedoch Kontakt zum Umfeld und das Rock-Water-Tier sitzt ziemlich einsam auf seinem Thron der höchsten Pflichterfüllung.

DAS ROCK-WATER-PFERD

Das Rock-Water-Pferd kommt in einer hochmütigen Art auf Sie zu, wenn Sie sich ihm in der Box oder auf der Weide nähern. Es steht nicht in den Startlöchern, um mit Ihnen etwas zu unternehmen, aber es muß ja nun einmal gearbeitet werden – also kommt es schließlich doch auf Sie zu.
Das Rock-Water-Pferd läßt sich putzen und würde – wenn es könnte – die Augenbrauen hochziehen, wenn Sie es zu kräftig oder zu lange putzen. Auf jeden Fall werden Sie es nicht gut genug machen. Lassen Sie sich dadurch nicht entmutigen: Bleiben Sie in sich gefestigt!
Bei der Arbeit können Sie eine ähnliche Reaktion erwarten. Das Pferd reitet gut und reagiert willig auf Ihre Hilfen. Geben Sie ihm jedoch eine Aufgabe, die es falsch interpretieren oder verweigern könnte, so wird es dies sicher auch tun. Es muß Sie ja Manieren und die Reitkunst lehren ...! Es weigert sich oder bockt, je nach seiner Statur oder seiner Erziehung. Selbst aufbäumen ist nicht ausgeschlossen. Ihnen gegenüber ist das Pferd nicht gerade freundlich und Ihre Freundlichkeiten prallen an einer Stahlplatte ab ... durchhalten! Jeder Stein kann durch stetes Wasser ausgehöhlt werden. Auch an dieses Pferd kommt man mit der Zeit heran und es wird sich Ihnen öffnen. Lassen Sie sich nur genügend Zeit! Gehen Sie zu schnell vor, wollen Sie bei der Arbeit oder beim sozialen Umgang zuviel auf einmal erreichen, dann zieht das Rock-Water-Pferd sich wieder in

seinen Elfenbeinturm zurück, denn 'für einen solchen Unsinn hat es einfach keine Zeit.'
Das Rock-Water-Pferd zieht aus der Blütenessenz und einem distanzierten, aber trotzdem warmherzigen Umgang, für den der Reiter ein gutes Maß an Selbstvertrauen mitbringen muß, viel Nutzen. Setzen Sie einen Anfänger auf den Rücken eines solchen Pferdes, so wird er schnell mit dem Reiten aufhören. Das Rock-Water-Pferd ist in der Lage, einem in kürzester Zeit jegliche Freude am Reiten zu nehmen.
Achtung: Das Rock-Water-Pferd ist kein langweiliges Pferd. Es läuft nur temporär in Richtung Vereinsamung und Verarmung. Ihre Aufgabe ist es, das Pferd wieder auf den richtigen Weg zu bringen. Sie werden sehen, daß Sie dann einen ansehnlichen, lebensfrohen Freund gewonnen haben, der wieder voller Freude und Verständnis für seine Lebensgefährten ist.

DER ROCK-WATER-HUND

Der Rock-Water-Hund ist ein distanziertes Tier, das imstande ist, gerade durch Sie hindurchzuschauen, wenn Sie es ansprechen – ein ausgesprochener Alpha-Hund. Er sucht oft Streit mit anderen, denn die sind dumm und müssen zur Ordnung gerufen werden und Manieren erhalten.
Der Rock-Water-Hund ist im allgemeinen von großartiger Rasse. Die Gründe hierfür sind mir (noch) nicht ganz bekannt, vielleicht besteht ja eine genetische Erklärung. Er ist einfach zu erziehen, denn Arbeit und somit eine gute Portion Gehorsam und Disziplin sind Teil seines Seins. Man kommt allerdings nur sehr schwer in Kontakt – eine normale Beziehung ist praktisch unmöglich. Aus diesem Grund müssen Sie Ihre Befehle ganz klar und sauber formulieren, sonst geschieht gar nichts – oder nur das, was der Hund für richtig empfindet. Machen Sie beim Rock-Water-Hund den Fehler, einen Befehl, wie z.B. „aus" mit dem Befehl „runter" zu verwechseln, dann ignoriert er ihn einfach. Dabei schaut der Hund bewußt von Ihnen weg oder schaut Ihnen hochmütig in die Augen, mit einem Blick, wie „Mensch, mach doch erst einmal deine Hausaufgaben!"

Ein Hund mit dem Sie eine gute Verbindung haben – der also nicht im negativen Rock-Water-Zustand ist – würde in solch einem Fall Ihre Intension begreifen (wollen) und Ihnen gehorchen, um Ihnen einen Gefallen zu tun. Das wäre für ihn eine Selbstverständlichkeit unter Freunden. Das obige Beispiel zeigt deutlich die Art der Problematik, die bei einem Hund im negativen Rock-Water-Zustand vorliegt. Viele Menschen sind der Meinung, Ihren Hund in einer ausschließlich 'militärischen' und gefühlslosen Art und Weise erziehen zu müssen. Dies kann zwei Gründe haben:

* Sie befinden sich selbst im negativen Rock-Water-Zustand (ein trauriger Fall für den Hund)
* Ihr Hund befindet sich, ohne daß es bemerkt wird, im negativen Rock-Water-Zustand, und die Menschen meinen, daß diese Art der Erziehung die einzige ist, ihm Gehorsam beizubringen. Sehr schade, denn dabei geht eine wichtige Dimension – für mich die wichtigste – verloren: Die Beziehung zwischen Hund und Besitzer, die so schön sein kann, bekommt gar keine Chance zu wachsen.

Rock Water als Symptom-Blütenessenz

Als Symptom-Blütenessenz ist Rock Water weniger geeignet. Der oben beschriebene Gemütszustand kommt nur selten temporär vor, sondern üblicherweise strukturell. Es ist allerdings möglich, daß ein Hund oder ein Pferd, die von einem strengen und disziplinorientierten Besitzer erzogen wurden, zeitweise in einen negativen Rock-Water-Zustand kommen. Denn um die Erwartungen des Besitzers erfüllen zu können, erscheint dies die einzige Möglichkeit zu sein, (geistig) zu überleben.
Diesen Tieren kann mit viel Verspieltheit und Leichtigkeit im täglichen Leben (überfordern Sie sie allerdings nicht zu schnell damit) und mit der Rock-Water-Blütenessenz geholfen werden.

SCLERANTUS

Der Sclerantus-Typus gleicht einem Fähnchen im Wind: stark schwankende Stimmungen und stark wechselnde Freundschaften. Es scheint wenig Kontinuität in all den Aspekten seines Verhaltens zu gelten. Manchmal liebt er die Sonne, dann wieder kann er sie überhaupt nicht vertragen. Manchmal frißt er mit Genuß ein bestimmtes Futter, um es wenig später völlig zu verschmähen. Es ist oftmals ein ruheloses Tier, das merklich Schwierigkeiten hat, seinen Platz im Leben zu definieren. Auch bei Lebensgefährten scheint es Schwierigkeiten zu haben, seinen Platz zu finden. Manchmal scheint es oben auf der sozialen Leiter zu stehen, dann sieht man es wieder demütig ganz unten. Kurz gesagt: ein Tier, das sich anscheinend nicht einordnen läßt.

Auch in physischer Hinsicht kann das Sclerantus-Tier Sie vor Rätsel stellen: Manchmal ist es besonders aktiv, dann wieder erscheint es wie ein kraftloses Vögelchen; manchmal frißt es wahnsinnig viel (Sie vermuten schon verflixte Würmer und holen Knoblauch), dann wieder läßt es fast alles stehen und bei Ihnen kommt der Gedanke an Eßunlust auf. Auch die Ausscheidungen können von einem auf den anderen Moment von Durchfall zu plötzlicher Verstopfung umschlagen.

Man steht vor einem komplexen Rätsel. Des Rätsels Lösung ist: Es kann sich um die negative Sclerantus-Energie handeln.

Das Sclerantus-Pferd

Das Sclerantus-Pferd ist etwas unruhig und verursacht auch Unruhe. Es ist meistens feingliedrig und sehr temperamentvoll (nicht immer!).

Im allgemeinen ist es besonders froh, Sie zu sehen. Aber erschrecken Sie nicht, wenn es Ihnen eines Tages mal keine Aufmerksamkeit schenkt – das paßt ins Muster.

Das Putzen findet das Sclerantus-Pferd schön, besonders wenn Sie es in einer entspannenden, massierenden Art machen, wobei Sie ruhig und sanft mit dem Pferd sprechen.

Bei der Arbeit ist es ein gutes Pferd (es sein denn, es hat gerade seinen trägen Tag, dann können Sie es völlig vergessen). Das Sclerantus-Pferd arbeitet gerne und begeistert für Sie. Geht es um Konzentration, können schon eher Probleme auftauchen, denn im negativen Sclerantus-Zustand fällt es ihm schwer, sich lange zu konzentrieren.

Seien Sie darauf vorbereitet, daß das Pferd bei weniger deutlichen Hilfen sehr zögerlich wird! Wäre es ein Esel, würde es in einer solchen Situation seine vier Beine fest auf den Boden stellen. Es kennt Ihre Intention nicht und kann sich dadurch nicht entscheiden, was es tun soll. Da unser Sclerantus-Pferd aber kein Esel ist, reagiert es anders: Es flüchtet und geht einfach durch. Kurz darauf wird es wieder mit all seiner Bereitwilligkeit für Sie zur Verfügung stehen.

Die Symptome, die einen Bedarf an Sclerantus aufzeigen, sind so deutlich, daß wir nicht zögern sollten, diese Blütenessenz zu verabreichen.

Währenddessen arbeiten wir mit ruhiger Zuversicht mit dem Pferd weiter, ohne es zu überfordern. Es bringt sich selbst (zu) schnell in einen Zustand übermäßigen Zweifelns mit all den dazugehörenden Streßsymptomen. Halten Sie das Training auf jeden Fall auf der mentalen Ebene für einige Wochen auf einem niedrigen Niveau und arbeiten Sie zusammen mit den Blütenessenz daran, die Selbstsicherheit Ihres Pferdes zu stärken! Ist das Tier einmal aus dem negativen Sclerantus-Zustand befreit, dann werden Sie ein sehr arbeitsfrohes und intelligentes Pferd haben, das mit großer Konzentration mit Ihnen und für Sie arbeiten möchte.

Der Sclerantus-Hund

Der Sclerantus-Hund ist ein nervöses Tier, das sich stets auf seinem Platz dreht und nie gemütlich zu liegen scheint. Steht das Herrchen auf? Dann wird der Hund es auch tun. Wer weiß, vielleicht verpaßt er sonst etwas, wobei er auf jeden Fall dabei sein sollte. Spielen wir etwas? Der Hund schaut sich an, wie er mitspielen kann, obwohl er dann nur bellend zum Herrchen läuft und versucht, sich ein anderes Spiel auszudenken.

Balgen Familienmitglieder miteinander, gerät der Hund in absolute Verwirrung. Er weiß nicht, ob er mitspielen oder kämpfen soll. Und wenn er sich fürs Kämpfen entscheidet – gegen wen denn dann?

Im allgemeinen ist der Sclerantus-Hund sehr intelligent und versteht schnell, worum es geht. Nur Entscheidungen zu treffen, ist so unendlich schwer, daß dies das ganze Leben trübt.

Fremde wissen nicht recht, wie sie bei diesem Hund dran sind: Manchmal ist er sehr nett und andere Male ist er brummig und knurrt. Deshalb macht er selten einen vertrauenswürdigen Eindruck. Das ist sehr schade, denn die Ausstrahlung der Menschen auf den Hund wirkt dann zweifelnd und ein wenig mißtrauisch, womit wir in einem Teufelskreis landen. Achten Sie darauf, diesem vorzubeugen! Arbeiten Sie viel mit dem Sclerantus-Hund und lassen Sie das Leben nicht nur aus einigen Spaziergängen bestehen, bei denen jeder seinen eigenen Gedanken nachgeht! Dieser Hund muß in seinen Gedankengängen geleitet werden, denn in seinem Kopf schwirren einige Entscheidungsmöglichkeiten umher, die ihn ganz verrückt machen. Er kann sich nicht entscheiden, ob er dem wegwehenden Blatt hinterherlaufen oder doch lieber bei Ihnen bleiben soll. Er weiß nicht, ob er den einen oder anderen Stock packen soll und läßt es dann schließlich ganz bleiben u.s.w.

Helfen Sie dem Sclerantus-Hund einige Wochen lang! Geben Sie ihm die Sclerantus-Blütenessenz und beschäftigen Sie sich in einer Art mit ihm, die ihm keine Entscheidungen abverlangt! Entscheiden Sie für ihn, indem Sie ihm klare Anweisungen geben! Nach einiger Zeit können Sie dies dann abschwächen. Das Tier wird sich zu einer starken, selbstständigen Persönlichkeit entwickeln.

SCLERANTUS ALS SYMPTOM-BLÜTENESSENZ

Trifft ein Tier eine Zeit lang immer die verkehrten Entscheidungen, die mit negativen Konsequenzen einhergehen, dann ist es im negativen Sclerantus-Zustand, einem temporären Zustand von Unsicherheit und Unentschlossenheit. Dabei denke ich z.B. an Entscheidungen wie: Soll er den Hund aus der anderen Straße nun endlich zum Kampf herausfordern ... Es läuft schief; oder das Pferd, das beschließt, doch durch den Stacheldrahtzaun zu laufen und dadurch Schnittwunden davonträgt ...
Treffen Tiere recht schnell hintereinander mehrere solcher Fehleinschätzungen, so benötigen sie temporär Sclerantus. Auch langwierige Krankheiten oder Überbelastungen können eine Unentschlossenheit hervorrufen. Ein konsequenter, klarer Umgang und eine nicht allzu große Portion geistiger und körperlicher Arbeit, zusammen mit der Sclerantus-Blütenessenz, werden Ihrem Tier sehr gut helfen.

STAR OF BETHLEHEM

Die Star-of-Bethlehem-Blütenessenz kam schon einige Male als unterstützende Essenz in Kombination mit anderen Blütenessenzen vor. Es ist eine ausgesprochene Symptom-Blütenessenz, die nicht als Typen-Blütenessenz verwendet wird. Sie wirkt fantastisch bei einer lang anhaltenden Depression, bei Traurigkeit oder trauriger Abwesenheit nach einem schlimmen Erlebnis.

STAR OF BETHLEHEM FÜR DAS PFERD

Das Pferd, das Star of Bethlehem benötigt, kommt nicht über ein trauriges Ereignis hinweg, läßt sich hängen, starrt vor sich hin und genießt sein Futter oder die Freundschaft von Lebensgenossen nicht mehr. Der Mensch ist zwar in der Lage, es kurz aufleben zu lassen, doch die Teilnahme flaut sehr schnell wieder ab. Das Pferd begrüßt Sie sicherlich, wenn Sie sich ihm nähern. Es versucht auch, sich Ihnen gegenüber zu öffnen, doch es gelingt ihm einfach nicht. Es ist nicht richtig greifbar.

Bei der Arbeit zeigt das Pferd eine gelassene Zerstreutheit. Es ist nicht unwillig, doch die physische Leistung sowie die Konzentration scheinen ihm sehr schwer zu fallen.

Diese negative Star-of-Bethlehem-Energie wird z.B. durch eine plötzliche Trennung vom Fohlen oder einem anderen Stallgenossen hervorgerufen oder durch einen neuen Besitzer, mit dem das Pferd nicht warm wird (Kombination mit Honeysuckle wählen).

Star of Bethlehem ist ebenfalls für ein Tier geeignet, das ein Trauma erlebte, z.B. durch Stacheldrahtwunden oder einen Anhängerunfall, und das nach der langwierigen physischen Genesung mental noch nachhängt. Es scheint, als ob es durch einen Nebelschleier von der Welt abgetrennt wäre.
Star of Bethlehem und ein warmherziger, liebevoller Umgang, der ein Gefühl der Geborgenheit und Sicherheit vermittelt, ist in solchen Fällen von großer Wichtigkeit.

Star of Bethlehem für den Hund

Hunde können nach einem Umzug oder nach dem Verlust ihrer Welpen oder Lebensgefährten in den negativen Star-of-Bethlehem-Zustand verfallen. Nicht daß sie dann unwillig oder ungehorsam wären, sie sind nur ständig abwesend. Es ist nötig, einem solchen Hund hin und wieder gerade in die Augen zu schauen, um das Gefühl zu bekommen, zu ihm durchzudringen. Drehen Sie dabei seinen Kopf sanft in Ihre Richtung und schauen Sie ihn freundlich an!
Auch ein Hund, der einen Unfall oder eine Operation erlebte, wie z.B. eine Kastration oder Sterilisation, kann die Star-of-Bethlehem-Energie benötigen. Beim Umgang muß auf das Tier Rücksicht genommen werden. Fordern Sie es immer noch, jedoch in einer sanfteren und abgeschwächten Art: d.h. der Hund muß schon mit spazieren gehen, aber wenn er nicht möchte, braucht er nicht herumrennen und spielen. Trotten ist in solchen Fällen akzeptabel. Ermutigen Sie das Tier nicht, mehr aus sich herauszuholen!
Star of Bethlehem kann in Kombination mit vielen anderen Blütenessenzen verabreicht werden, z.B. mit Walnut (neue Lebensphase), Honeysuckle (Heimweh oder Sehnsucht nach einem bestimmten Lebengefährten), Olive (u.a. Erschöpfung durch Krankheiten).
Star of Bethlehem ist eine trostspendende Blütenessenz, die Kraft und Lebensfreude wiedererweckt und die gläserne Wand, die das Tier zwischen sich und die Welt gestellt hat, wieder abbaut.

Sweet Chestnut

Die Blütenessenz Sweet Chestnut werden wir bei Tieren kaum anwenden. Das Tier, das sie als Typen-Blütenessenz benötigt, müßte schon als junges Tier unter unsere Obhut fallen, denn sonst ist es für Mensch und Tier hoffnungslos, miteinander umgehen zu können.
Sehr selten wird diese Blütenessenz bei Tieren als Symptom-Blütenessenz verabreicht. Eine Beschreibung als Typen-Blütenessenz ist für Sweet Chestnut gar nicht möglich, denn solche Tiere gibt es nicht. Die Natur läßt so etwas einfach nicht zu.
Es handelt sich um einen Gemütszustand, der mit derart tiefer und intensiver Trauer einhergeht, daß das Tier buchstäblich daran sterben kann (der Hund, der nach dem Tod seines Herrchens am Grab auf seinen eigenen Tod wartet).
Sweet Chestnut ist bei einem überdimensionalen Elend angezeigt, einer Situation, die man aus eigener Kraft nicht bewältigen kann. Wenn Tiere in einem solchen Gemütszustand nicht schnell und adäquat aufgefangen werden, sterben sie buchstäblich an ihrem Kummer. Die Natur hat einen enorm starken Selbsterhaltungstrieb bereitgestellt, der bei Tieren viel besser intakt geblieben ist als beim Menschen. Aus diesem Grund treffen wir solche Tiere kaum an. Diese seltenen Fälle erkennt man wie folgt:

Sweet Chestnut für das Pferd

Sie treffen das Pferd mit dem Kopf zur Wand gedreht an. Was auch immer um es herum geschieht, es wird nicht auf- oder um sich schauen. Mit hängendem Kopf steht es da, die Ohren auf halb sieben, den Schwanz bewegungslos, auch wenn sich die Fliegen auf seinem Fell tummeln. Sie brauchen sich nicht vor Aggressivität im Umgang mit diesem Pferd zu fürchten, denn es wird selten aggressiv reagieren. Das Tier schaut Sie mit einem verschwommenen, nach innen gekehrten Blick an. Vielleicht hat es ganz tief in sich, gut versteckt, noch ein Fünkchen instinktiver Neugierde: Wer Sie wohl sind und was Sie vorhaben? Holen Sie das Pferd aus der Box, so folgt es Ihnen gelassen, wie ein windelweich geschlagener Hund. Das Tier ist mürbe, völlig kaputt, wenigstens mental. Aus seinem tiefen Elend kann es seinem Gefühl zufolge nicht mehr herauskommen.

Treffen Sie ein Pferd in diesem Zustand an, können Sie sicher sein, daß es stark verwahrlost wurde, selten oder gar nicht nach draußen kam und einsam und allein in einem dunklen, kleinen Stall stand, fast ohne Bewegungsfreiheit. Meistens liegt auch kein Stroh in der Box, oder es ist sehr schmutzig. Werden die Sweet-Chestnut-Pferde geritten, so werden sie nicht als Pferd, sondern quasi als Motorrad mißbraucht: selten geputzt, schnell den Sattel auf den Rücken und lospreschen. Nach dem Ritt stark verschwitzt und ohne Versorgung wieder dampfend und hechelnd in den Stall! Dies sind so etwa die Umstände, die – langfristig – herrschen müssen, um das Pferd in den negativen Sweet-Chestnut-Zustand zu katapultieren. Wie bereits erwähnt: Das Durchhaltevermögen von Tieren ist unvorstellbar groß.

Befindet sich das Pferd im negativen Sweet-Chestnut-Gemütszustand, so muß viel getan werden, um ihm zu helfen. Zu allererst ist eine Veränderung der Lebensumstände notwendig, wobei Licht und Luft von großer Wichtigkeit sind. Zweitens muß Bewegungsfreiheit geschaffen werden, am besten auf der Weide. Als drittes benötigt das Pferd einen Gefährten (Pferd, Ziege, Katze, Hamster, es spielt keine Rolle was für einen). Erst wenn diese Dinge geregelt sind, kann der Mensch dem Pferd zeigen, was er in Sachen Ruhe und Freundschaft auf Lager hat. Liebe wäre wahrscheinlich ein zu großes Geschenk, mit dem das Pferd noch nichts anfangen könnte. Für die kommende Zeit steht erst einmal Freundschaft an

– selbstverständlich in Kombination mit der Sweet-Chestnut-Blütenessenz, sowie Star of Bethlehem und Olive.

Sweet Chestnut für den Hund

Der Sweet-Chestnut-Hund ist nicht mehr in der Lage zu zeigen, daß es ihn noch gibt. Wie ein Häufchen Elend liegt er in seiner Ecke im Tierheim oder auf dem heruntergekommenen Bauernhof, auf dem er lebt. Das Tier ist sehr verwahrlost und weist einen starken Licht-, Luft-, Freiheits- (weil festgekettet) und Liebesmangel auf. Zweifellos hat der Hund lange versucht, sich der Situation anzupassen, und bis zu einem gewissen Grad ist ihm das auch gelungen – doch die dunkle Wolke der Melancholie hängt über ihm.

Helfen Sie diesem Hund nur, wenn Sie genau wissen, daß Sie die Behandlungszeit bis zur Besserung durchhalten werden! Sie werden lange ein äußerst trauriges Häufchen Elend um sich haben. Haben Sie erst einmal begonnen, ihm zu helfen, dürfen Sie ihn nicht mehr im Stich lassen!

Tiere kennen, wie gesagt, von Natur aus keine derart starke Traurigkeit, sondern kommen durch ihre Lebensumstände dorthin, d.h. sie können auch wieder aus diesem Zustand herausgeholt werden. Es ist jedoch ein sehr langer Weg, wobei der Hund wieder zum Menschen Vertrauen finden muß. Für den Hund ist der Weg aus dieser Traurigkeit heraus wesentlich länger als für das Pferd. Der Hund hat wahrscheinlich schreckliche Dinge erlebt, die er nicht verarbeiten konnte. Die Welt ist schwarz und die Menschen sind Unheilsbringer für ihn ...

Drängen Sie sich nicht auf! Sorgen Sie dafür, daß Sie anwesend sind, zu essen und zu trinken geben und für jeglichen Kontakt offen sind – aber warten Sie ab, bis der Hund von sich aus dies möchte! Nach einiger Zeit können Sie ruhig in der Gegenwart des Hundes zu sprechen beginnen, nicht direkt mit ihm, aber um ihn herum. Sprechen Sie einfach mit sich selbst. Damit gewöhnen Sie den Hund an Ihre Stimme, und er kann sich langsam wieder auf seinen Instinkt verlassen, der ihm sagt, daß ihr 'Ton' vertrauenerweckend ist.

Ganz langsam können Sie versuchen, mit dem Hund Kontakt zu knüpfen. Nehmen Sie sich dafür viel Zeit und erzwingen Sie nichts!
Mit der Hilfe von Sweet Chestnut und Star of Bethlehem haben Sie gute Chancen, dem Tier zu helfen! Lassen Sie sich von einem Rückfall nicht enttäuschen, denn das Tier muß aus einem tiefen Loch herauskommen, und das geht nun einmal nur sehr langsam.

VERVAIN

Der Tier-Typus, der einen Mangel an Vervain-Energie hat, zeigt ein ähnliches Verhalten wie die Crab-Apple-, Oak- und Beech-Typen. Die Tiere haben einen etwas unbeugsamen Charakter, übernehmen gern die Führung, oftmals zurecht, neigen dabei jedoch dazu, viel zu weit zu gehen.
Ist ein solches Tier Führer einer Herde oder eines Rudels, so kann es möglich sein, daß es gegen besseres Wissen weiterhin in die verkehrte Richtung läuft.
Der Umgang mit den Vervain-Tieren ist schwierig, denn sie sind oftmals hyperaktiv, durch einen starken Taten- und Geltungsdrang bestimmt. Es sind Tiere, die sich bis zum Fanatismus in etwas verbeißen können. Doch sind sie sehr rechtschaffen und verhalten sich selten oder nie unaufrichtig gegenüber ihren Lebensgefährten. Geschieht den Vervain-Tieren einmal Unrecht, dann behalten sie dies lange im Gedächtnis, und wenn sie es für nötig halten, ziehen sie ihre Konsequenzen daraus, wobei es möglich ist, daß sie z.B. den betreffenden Menschen nicht mehr in ihrer Umgebung dulden.
Vervain-Tiere halten oftmals starke Spannungen in sich und können sich nur selten so richtig gehen lassen. Sie bleiben aufmerksam, wachsam und immer bereit, ihre Barrikaden wieder aufzurichten.

DAS VERVAIN-PFERD

Das Vervain-Pferd ist ein geschäftiges und manchmal ungestümes Tier. Es wird sich Ihnen gegenüber nicht leicht öffnen, denn es gesteht sich dies

einfach nicht zu – zum Teil aus Stolz und zum Teil, weil es sich selbst fast kein Vergnügen gönnt.
Es sind sehr willensstarke Pferde. Haben Sie mit ihnen Probleme, dann werden Sie lange daran arbeiten müssen, bis Sie zu einem Kompromiß kommen, denn das Vervain-Tier gibt nicht auf und genauso wenig wird es Zugeständnisse machen. Es wird sich weiter um die von ihm als gut erachtete Sache raufen.
Beim Putzen werden Sie wenig Probleme haben. Nähern Sie sich dem Vervain-Pferd mit einer deutlichen Distanziertheit, so läßt es sich leicht aus der Weide oder aus der Box führen.
Bei der Arbeit werden mehr Probleme auftauchen, da das Pferd sich nicht oder nur schlecht entspannen kann. In Kombination mit seiner oftmals auftretenden Hyperaktivität und seinem Tatendrang kann uns dies schon einmal den Eindruck vermitteln, auf einer Ladung Sprengstoff zu sitzen.
Das Vervain-Tier ist impulsiv und – man kann fast sagen – ein idealistisches Tier, das auch zum zwanzigsten Mal die schiefgelaufene Übung oder den mißlungenen Sprung wiederholen möchte. Es kann eigentlich nicht genug davon bekommen, Ihnen oder sich selbst zu beweisen, daß es die gestellte Aufgabe doch bewältigt. Vervain-Pferde sind knallharte Arbeiter. Sie setzen sich zu 150% ein, wenn es um eine Sache geht, die sie sinnvoll finden. Dies bedeutet allerdings auch: Wenn das Pferd nicht für Sie arbeiten möchte, wird es zweifellos gegen Sie arbeiten.
Arbeiten Sie mit dem Vervain-Pferd in ruhiger Selbstsicherheit und seien Sie sich bewußt, daß Sie nur mit gegenseitigem Respekt zusammen arbeiten können! Bei diesem Tier-Typus muß sehr deutlich werden, wer die Zügel in der Hand hält: Sie zweifellos. Die Vervain-Blütenessenz hilft Ihnen, das Pferd etwas zu öffnen, so daß die Kommunikation einfacher wird. Nach einigen Wochen werden Sie merken, daß das Pferd beginnt, die Arbeit mit Liebe und Freude durchzuführen, wobei es viel entspannter und ausgeglichener ist.

Der Vervain-Hund

Der Vervain-Hund kann dasitzen und Sie anschauen, als ob Sie nur Luft für ihn wären, und doch schätzt er Sie. Bei einem Befehl ist es möglich, daß er Sie ignoriert, als ob er noch nie gelernt hätte zu gehorchen, obwohl er im allgemeinen gut gehorcht. Was ist nur los?

Der Vervain-Hund ist davon überzeugt, daß er Sie im Leben beschützen muß. Er hat ein starkes Bedürfnis nach liebevoller, umarmender Mutterliebe, was er Ihnen oder sich selbst gegenüber jedoch nie zugeben würde. Er muß arbeiten und arbeiten, selbst in seinen Träumen hört er nicht auf. Der Vervain-Hund träumt heftig und viel. Manchmal sieht man seinen Körper zucken und beben. Er liegt selten oder nie in einer entspannten Haltung oder schläft in völliger Hingabe. In dieser Phase benötigt das Tier einen verständnisvollen und sicheren Umgang, denn es kommt vor, daß der Vervain-Hund hyperaktiv wird oder sich in eine fixe Idee verbeißt, von der er nicht mehr loskommt.

Ein Beispiel: Haben Sie auch eine Katze im Hause, mit der Ihr Hund normalerweise freundschaftlich umgeht? Beschließt der Hund irgendwann, daß die Katze ein Feind oder eine Beute ist (da sie es vielleicht wagte, aus dem Hundenapf zu fressen oder einfach aus Langeweile, da der Hund eine Beute zum Jagen sucht), so wird er sie unaufhaltsam jagen. Sie können ihn korrigieren, strafen und wieder auf den richtigen Weg bringen: Er bleibt von der Katze besessen und kommt nur mit der größten Mühe von diesem Verhalten weg.

Die Vervain-Blütenessenz und eine deutliche, warme, aber unerbittliche Führung werden dem Hund helfen. Werden Sie nicht so böse, daß Sie die Kontrolle über sich verlieren, denn dadurch verliert der Vervain-Hund jeglichen Respekt vor Ihnen, und die Probleme werden nur größer. Haben Sie sich gut unter Kontrolle, dann werden Sie sehen, wie Ihr Tier sich in einen starken, stabilen Kameraden verwandelt, mit dem Sie intensiven Spaß haben können! Denn der Hund bleibt aktiv, auch wenn er den negativen Vervain-Zustand überwunden hat.

Vervain als Symptom-Blütenessenz

Es kommt selten vor, daß diese negative Vervain-Situation temporär ist und daher wird Vervain nur selten als Symptom-Blütenessenz verwendet. Möglicherweise läßt sich Ihr Tier durch eine bestimmte, nachvollziehbare Situation so aus dem Konzept bringen, daß es auf dieses Problem fixiert bleibt und sich daran festbeißt. Dadurch wird das Tier unruhig, nervös und manchmal auch unberechenbar. In einem solchen Fall könnten Sie Vervain geben, jedoch stets in Kombination mit den Blütenessenzen, die die Ursache des Problems adressieren.

VINE

Ein Tier im negativen Vine-Zustand ist sehr dominant und hat hinterhältige, tyrannische Charakterzüge. Oftmals hält es sich selbst nicht an die geltenden gesellschaftlichen Regeln, mit anderen Worten: Es schnauzt ein im Rang niedrigeres Tier an. Wenn das betroffene Tier sich dann zurückzieht, kann es sein, daß es noch einen Biß oder einen Tritt vom Vine-Tier einstecken muß. Dies verstößt gegen jeglichen sozialen Codex.

Das Vine-Tier ärgert gerne andere und ist physisch wie auch geistig stark. Aus diesem Grund wird es für nicht so stabil gebaute Lebensgefährten zur Bedrohung. Für Kinder sind Tiere im negativen Vine-Zustand grundsätzlich gefährlich. Sie sind 'grausam' – obwohl diese Eigenschaft in der Tierwelt nur selten vorkommt – und es wäre unverantwortlich, kleine Kinder mit ihnen allein zu lassen. Ein Kind braucht nur in den Augen des Tieres einen Fehler zu begehen, um direkt von ihm bestraft zu werden. Auch dies verstößt gegen den sozialen Verhaltenscodex, welcher besagt, daß auf Kinder – auch Menschenkinder – Rücksicht zu nehmen ist und sie beschützt werden müssen.

Ein Tier im negativen Vine-Zustand kann nichts dafür, daß es die Regeln mit Füßen tritt. Es ist kräftig, doch setzt es seine Kraft für die falschen Dinge ein und ist unfähig, sich selbst zu korrigieren. Dieses Tier benötigt rechtzeitig Hilfe, bevor ihm jeder aus dem Weg geht und/oder sich vor ihm zu fürchten beginnt – so entsteht ein Teufelskreis.

Das Vine-Pferd

Das Vine-Pferd ist meistens eine dominante Stute oder ein Hengst, jedoch kein Leithengst. Die Natur weiß sehr gut zu unterscheiden, wer gesund ist und eine Herde sicher leiten kann – und wer nicht.

Nähern Sie sich dem Tier auf der Weide oder in der Box, dann gesteht es Ihnen gnädig zu, es zu putzen! Seien Sie nicht verwundert, wenn Sie plötzlich einen Biß oder einen Tritt bekommen, denn auch wenn das Pferd Sie respektiert, wird es Ihnen schon zeigen, wenn ihm etwas nicht paßt.

Bei der Arbeit besteht das Problem, daß das Tier Befehle nur sehr schwer befolgen kann. Es wird sich beim geringsten Anlaß querstellen, sich weigern, das eine oder andere zu tun, wie z.B. die Pferde, die sich strikt weigern, ein bestimmtes Hindernis zu überspringen. Natürlich können dafür viele Gründe bestehen, doch wenn die Weigerung mit Stolz, Überzeugung und einem Machtspiel gleich erfolgt, herrscht ein negativer Vine-Zustand vor. Strafen, vor allem die Peitsche, verschlimmern die Situation nur. Das Pferd wird den kommenden Kampf so richtig genießen – vielleicht hat es ihn sogar bewußt herausgefordert. Setzen Sie im Umgang mit diesem Pferd Ihren Verstand voll ein und sorgen Sie dafür, daß Sie schlauer sind! Das gelingt sicherlich, denn Sie sind von Liebe erfüllt, was das Pferd in diesem Zustand nicht ist. Sie können weiter denken, da Ihr Verstand, im Gegensatz zu dem des Pferdes, klar sieht.

Versuchen Sie, so gut wie möglich, einem Machtkampf vorzubeugen. Verweigert sich das Pferd, so wählen Sie sofort einen anderen Weg und tun so, als ob Sie diesen für viel schwieriger und wichtiger hielten. Das Pferd wird Ihnen glauben. Bringen Sie es nach einiger Zeit, ohne daß es dies bemerkt, wieder zum ersten Hindernis oder zu der früheren Dressurübung, bei dem es Probleme gab! Tun Sie dies in einer entspannten Art, ohne an die vorhergehende Weigerung zu denken, dann wird es bestimmt dieses Mal gelingen!

Helfen Sie dem Pferd, indem Sie viel und entspannt mit ihm arbeiten und Streß- und Krisensituationen vermeiden. Die Vine-Blütenessenz wird Ihre Bemühungen unterstützen. Das Pferd wird einsehen, daß Entspannung gar nicht schlecht sein muß und daß mehr Wärme im Leben angenehm ist. Sobald das Pferd dies entdeckt hat, können Sie mit ihm arbeiten und gelangen schnell zu einer guten gemeinsamen Basis.

DER VINE-HUND

Der Vine-Hund ist ein Führer und ein typischer Alpha-Hund. Das Rudel wird ihm jedoch nie wirklich die Führung übertragen, obwohl er immer wieder versuchen wird, dies über Kämpfe zu erreichen.

Im sozialen Umgang ist es ein sehr schwieriger Hund, der den Kampf am interessantesten findet. Er liebt es, mit einem Gefährten etwas auszutragen und ihm dabei eine gute Portion Prügel zu verpassen.

Eigentlich kann man den Vine-Hund als Tyrannen bezeichnen. Akzeptiert er Sie als überlegen – was ich Ihnen von ganzem Herzen wünsche – wird er jedoch alles tun, um in Ihre Gunst zu kommen und sich unterwürfig benehmen.

Im Vine-Zustand benötigt der Hund rasch Hilfe, denn seine Umgebung wird ihn zunehmend fürchten, was ihn noch machthungriger werden läßt. Je eher dieser Kreislauf blockiert wird, desto besser.

Arbeiten Sie viel mit diesem Hund! Akzeptieren Sie seine Unterwürfigkeit Ihnen gegenüber, aber lassen Sie ihn nicht übertreiben! Zwingen Sie ihn sich an bestimmte soziale Regeln zu halten, und gestehen Sie ihm z.B. nicht zu, Hausgenossen zu tyrannisieren. Beginnt er ohne jeglichen Grund einen Kampf, sollte dies bestraft und abgelehnt werden. Der Hund empfindet die Ablehnung wesentlich schlimmer als die Strafe, denn sein Verhalten ist darauf ausgerichtet, in Ihre Gunst zu kommen. Eine deutliche Ablehnung und strenge verbale Verurteilung, oder auch ein leichter Schlag, ist für diese Hunde die beste Strafe. Für sie gibt es nichts Schlimmeres, als abgelehnt oder wie Luft behandelt zu werden!

Selbstverständlich sollten Sie dem Hund mit der Vine-Blütenessenz helfen und ihm weiters mit einer etwas distanzierten Liebe begegnen. Erst wenn der Vine-Hund seine Kälte und die harte Schale um sich herum ablegt, können Sie ihm mit einer langsam weicher, lieber und wärmer werdenden Zusprache begegnen. Das ist wirklich die beste Belohnung für den Hund!

VINE ALS TYPEN-BLÜTENESSENZ

Vine kann für Tiere verwendet werden, denen ihr Dünkel merklich zu hoch zu Kopfe gestiegen ist und die meinen, wegen einer Veränderung in der Herde, im Rudel oder in der Familie, oder auch aufgrund eines Besitzerwechsels, müsse sich nun die ganze Welt nach ihnen richten. In solchen Fällen stoppt Vine diesen in die verkehrte Richtung laufenden Prozeß.

Eine Ablehnung dieses Verhaltens Ihrerseits sollte die Wirkung der Blütenessenz unterstützen.

Walnut

Walnut ist eigentlich keine Typen-Blütenessenz. Meist handelt es sich bei Tieren um einen temporären Mangel an Walnut-Energie, der sich durch zögerndes Verhalten in Zeiten der Veränderung ausdrückt. Im allgemeinen ist ein Tier in der Lage, Veränderungen zu durchleben und sich neuen Situationen anzupassen.

Hat das Tier einen Mangel an Walnut-Energie, dann bleibt es am Kreuzungspunkt stehen (nicht in der Vergangenheit, dann wäre Honeysuckle angezeigt; ebensowenig geht es darum, sich nicht entscheiden zu können, hier wäre Wild Oat nötig). Dem Tier fehlt einfach die Energie, um den entscheidenden Schritt zu machen. Es weiß sehr wohl, in welche Richtung es gehen möchte, doch wird es durch die negative Walnut-Energie blokkiert. Walnut ist also keine Typen-Blütenessenz.

Walnut und das Pferd

Ein Pferd, das sich an einen neuen Stall, Besitzer, Reiter oder an ein anderes Trainingsprogramm gewöhnen muß, kann Walnut benötigen, besonders, wenn es nicht so flexibel ist und weniger Engagement in der neuen Situation zeigt, als man es seinem Charakter nach erwarten könnte. Es ist möglich, daß der Veränderungsprozeß mit Honeysuckle unterstützt werden muß, wobei dies nicht immer nötig ist. Das Tier ist im Prinzip schon willig und auch charakterlich stark genug für die Veränderung, doch gelingt es ihm jetzt noch nicht.

Wenn Veränderungen anstehen, die Anstrengung und Anpassung erfordern, kann Walnut sehr gut vorbeugend eingesetzt werden, um die nötige Unterstützung zu geben.
Die Walnut-Blütenessenz wird häufig bei Veränderungsprozessen als Unterstützung für Typen-Blütenessenzen verwendet. Sie kann auch als Überbrückung, z.B. bei Honeysuckle, Wild Oat, Beech und Crab Apple, eingesetzt werden. Eigentlich ist Walnut in allen Fällen geeignet, wenn man alte Muster ablegen möchte, oder wenn physische Veränderungen, wie Umzüge, anstehen.

Walnut und der Hund

Viele Hunde durchlaufen in ihrem Leben in rascher Folge eine Anzahl von Prozessen. Dabei werden sie stark von unserer schnellen Lebensart beeinflußt. Ein Welpe darf erst einmal jung und verspielt sein, aber bald schon erwarten wir von ihm, daß er die grundlegenden Fähigkeiten des Gehorsams beherrscht (z.B. in der Hundeschule lernt). Rasch beginnen wir mit einem Training, und das ist bereits der Abschluß der unbeschwerten Lebensphase.
Ein Hund, der oft von einer reiselustigen Familie mitgenommen wird, kann die Walnut-Blütenessenz benötigen. Die Familie bleibt zwar ein stabiler Faktor, doch muß sich der Hund wieder an neue Feriendomizile gewöhnen, was nicht gerade natürlich für ihn ist.
Die Hunde, die wiederholt in einer Hundepension untergebracht werden, müssen sich ebenfalls ständig an eine neue Situation anpassen. Walnut bietet hier Hilfe.
So kann ich noch viele Beispiele aufzählen, wie wir vom Hund erwarten, sich – oftmals in einer unnatürlichen Art und Weise – an neue Umstände zu gewöhnen, damit es für uns bequem ist.
Geschieht dies mit Liebe und in Ruhe und gibt man dem Tier die Chance, die Dinge herankommen zu lassen, werden die Veränderungen nicht viel Leid mit sich bringen. Geschieht dies jedoch sehr häufig oder unerwartet, sollte man dem Tier mit der Walnut-Blütenessenz helfen.

Walnut wird auch häufig als Unterstützung für andere Blütenessenzen eingesetzt, wenn eine Veränderung bewerkstelligt werden soll.
In all den Fällen, in denen alte Muster durchbrochen werden sollen oder bei denen es sich um physische Veränderungen (Umzüge) handelt, kann die Walnut-Blütenessenz zur Unterstützung der Typen-Blütenessenz genommen werden.

WATER VIOLET

Das Water-Violet-Tier läßt uns fast vor Bewunderung verstummen. Es ist durch seine majestätische Ausstrahlung und seine graziöse Art der Bewegungen ein prächtiges Tier. Es erinnert uns an die göttlichen Wächter der ägyptischen Tempel.

Das Water-Violet-Tier besitzt eine erkennbare innere Weisheit, die wir als Menschen nicht erfassen können. Es ist ruhig, arbeitswillig, mit einer leichten Unterwürfigkeit, so wie ein Guru, der gerne bereit ist, mit seinen Schülern zusammenzuarbeiten, da dies für sie ein gute Übung ist.

Man erkennt den Water-Violet-Charakter schon von weitem, da er eine Dimension besitzt, die bei anderen Tieren nicht vorkommt.

Water-Violet-Tiere besitzen im allgemeinen gute soziale Kontakte mit ihren Lebensgefährten, die jedoch niemals innig sind. Hier steckt das Problem des Water-Violet-Tieres: Es bringt sich immer nur bis zu einem bestimmten Punkt ein – und nicht weiter. Auf eine fröhliche Streichel- oder Knuffpartie wird das Tier sicherlich keinen Wert legen. Im günstigsten Fall läßt es diese über sich ergehen und reagiert in einer kühlen Art, die Ihnen schnell die Lust verdirbt. Hier lauert Gefahr für das Tier, denn im negativen Water-Violet-Zustand wird es sich viel zu stark isolieren. Es zieht sich dann in seinen Elfenbeinturm zurück, was sicherlich nicht ratsam wäre, denn kein Lebewesen kann ohne soziale Interaktion mit Gefährten leben. Droht sich eine solche Isolation zu entwickeln, dann müssen wir helfend eingreifen und uns dem Tier ruhig, aber intensiv widmen und die Water-Violet-Blütenessenz einsetzen.

Meistens handelt es sich um sehr graziöse Pferde, doch können es auch Zugpferde sein, wobei man sie auch dann an der Art ihrer Bewegungen erkennt. Das innere Gleichgewicht, das diese Pferde charakterisiert, kommt deutlich in ihren Bewegungen zum Ausdruck. Im allgemeinen sind es schlank gebaute Tiere, die manchmal einen sehr zerbrechlichen Eindruck machen und trotzdem ziemlich zäh sind.
Sie sind allerdings zart besaitet, worauf man im Umgang mit ihnen Rücksicht nehmen sollte.
Das Water-Violet-Pferd wird Ihnen willig zum Putzen folgen, sich mit Wichtigkeit zu Ihnen umdrehen und Sie fragen, was Sie denn heute in petto haben und wie Ihr Tag denn so war. Soweit – so gut.
Drehen Sie den Spieß jedoch um und fragen Sie, wie der Tag denn so gewesen ist – also wenn Sie bewußt Ihre Aufmerksamkeit auf das Pferd richten – dann wird es sich verschließen. Es läßt seine Gardine herunter, denn es empfindet diese Aufmerksamkeit als unangenehm. Sicherlich dreht es seinen Kopf weg, richtet den Hals auf oder zieht den Kopf näher an den Rumpf – es verschließt Ihnen die Tür zu seinem Turm. Es geht regelrecht ein Rolladen herunter. Sobald Sie die direkt auf das Pferd gerichtete Aufmerksamkeit beenden, z.B. mit einer anderen Person im Stall sprechen – während Sie mit dem Putzen fortfahren –, verändert sich alles und das Pferd richtet seine Aufmerksamkeit wieder auf Sie. Es sind also sicherlich sozial interessierte Pferde, doch darf man ihnen nicht zu nahe treten.
Auch während der Arbeit merkt man dies. Eine zu große Begeisterung bei einer gut durchgeführten Übung schätzt das Pferd nicht. Seien Sie lieber ruhig und zurückhaltend, davon hat es mehr.
Hier verbirgt sich die Gefahr: Sie müssen besonders gut aufpassen, daß das Tier sich nicht zu sehr isoliert und genügend sozialen Austausch bekommt. Läßt das Pferd es zu, daß ein anderes ihm nahekommt, oder nimmt es hochmütig etwas Abstand? Macht das Pferd mit oder zieht es sich zurück, wenn ein Mensch sich merklich für es interessiert?

nimmt es hochmütig etwas Abstand? Macht das Pferd mit oder zieht es sich zurück, wenn ein Mensch sich merklich für es interessiert?
Selbst wenn Sie nicht sicher sind, können Sie vorbeugend die Water-Violet-Blütenessenz verwenden. Sind Sie im Zweifel, dann geben Sie dem Pferd über drei Wochen ab und zu etwas Water Violet. Erhalten Sie ein positives Resultat, dann war diese Blütenessenz doch angezeigt und Ihre Intuition richtig.

DER WATER-VIOLET-HUND

Der Water-Violet-Hund ist majestätisch. Sitzt er gerade und schaut Sie an, kann es sein, daß Ihnen manchmal ein Schauer über den Rücken läuft. Der Hund scheint nicht von dieser Welt zu sein. Es geht hier nicht um äußere Schönheit; jede Mischung kann ein Water-Violet-Äußeres besitzen. Es geht um die Ausstrahlung, denn dieses Tier ist durch seine Grazie schön. Diese hohe Bildung können Sie als das Wahre von ihm erkennen: es sind zweifellos besondere Hunde.
Water-Violet-Hunde sind einfach im Umgang. Sie gehorchen fast immer, denn in ihren Augen ist es sinnlos, durch Ungehorsam Verwirrung zu stiften.
Auch mit anderen Hunden treten sehr selten Probleme auf. Im Prinzip ist der Water-Violet-Hund freundlich und gehorsam, doch wenn ein anderer Hund ihm zu nahe kommt, empfindet er dies als unangenehm. Wird der andere Hund aufdringlich, so schnauzt ihn der Water-Violet-Hund in den meisten Fällen an und wird dann ruhig weggehen. Es kommt selten zu einem Kampf. Ist der andere Hund sehr hartnäckig und läßt nicht ab, dann scheut sich der Water-Violet-Hund nicht, eine Zurechtweisung auszuteilen: ihm zu nahe zu kommen ist ausgeschlossen, dafür läßt er sich, wenn nötig, auch einmal zu einem Kampf herab.
Trotz der positiven Besonderheit der Water-Violet-Hunde haben sie auch ihre scharfen Kanten – sie sind unnahbar! Vielleicht haben Sie sich eine ganz andere Vorstellung von einem Hund als Freund gemacht, nämlich einen echten Freund an Ihrer Seite zu haben und keinen distanzierten

weisen Guru. Da werden Sie enttäuscht sein, denn dieser Hund hält von ausgiebigen Balgereien oder Anhänglichkeitsbezeugungen nichts. Er bleibt reserviert.
Zum Teil können Sie dieses Verhalten mit der Water-Violet-Blütenessenz verändern, denn mit ihrer Hilfe wird der Hund einsehen, daß es nicht angeht, nur im verschlossenen Elfenbeinturm seine Weisheit zu pflegen.
Ansonsten sollten Sie dankbar sein, daß Sie einen Hund gewählt haben (oder er Sie), der Sie so viel lehren kann.
Water-Violet-Hunde sind nämlich ideal, um mit ihnen (telepathisch) zu kommunizieren! Das Tier wird Ihnen ein geduldiger Lehrmeister sein, und Sie werden sich über die Ergebnisse wundern.

WATER VIOLET ALS SYMPTOM-BLÜTENESSENZ

Der Moment, da Sie einem Tier mit der Water-Violet-Blütenessenz helfen sollten, ist etwas schwer zu erkennen. Seien Sie jedoch gewiß, daß ein vorbeugender Gebrauch keine Schäden verursachen kann!
Achten Sie auf Verhaltensveränderungen des Tieres, wie z.B. eine Berührung, die vorher wohl toleriert und nun heftig abgelehnt wird. Der Hund dreht seinen Kopf weg und hofft zu entkommen, ohne jedoch wirklich wegzulaufen.
Das Pferd richtet seinen Hals auf, hält den Kopf gegen den Rumpf gebeugt und verschließt sich somit. Weiterhin bekommen die Augen des Tieres einen nach innen gerichteten Ausdruck. Dies sind Symptome, die anzeigen, daß die Water-Violet-Blütenessenz angebracht ist.

WHITE CHESTNUT

Die White-Chestnut-Blütenessenz ist für die geistigen 'Wiederkäuer' unter den Tieren. Das Bedürfnis für diese Blütenessenz scheint beim Tier aus einer deutlichen Unruhe zu stammen, die nicht durch physische Faktoren (Verwendung von Impatiens) bedingt ist. Das Tier scheint sich stets mit denselben Gedanken zu beschäftigen und immer wieder dasselbe zu analysieren, z.B. die Tür, die es gerade betrachtet und studiert hat, wird wenig später wieder zum Studienobjekt. Das White-Chestnut-Tier hält sich mit allerlei Gedanken ständig beschäftigt. Dadurch macht es oftmals einen abwesenden Eindruck, der jedoch nicht mit der Abwesenheit des Clematis-Typus verwechselt werden sollte, der in eine freundliche, träumerische Märchenwelt abdriftet. Der White-Chestnut-Typus kann es demgegenüber mit seiner Gedankenmühle durchaus schwer haben.

Hatten Sie mit dem Tier einen Streit, wird es ihm sehr schwer fallen, dieses Thema ruhen zu lassen. Kurze Zeit wird es wohl gelingen – falls etwas anderes ins Zentrum der Aufmerksamkeit kommt –, doch die Gedanken an den unangenehmen Vorfall kommen sehr schnell wieder zurück.

White-Chestnut-Tiere sind sehr intelligent und lernbereit. Oftmals fehlt ihnen jedoch die Ruhe, das Gelernte zu verdauen und immer wieder drängt sich ein Gedanke auf, der weiter analysiert werden muß.

DAS WHITE-CHESTNUT-PFERD

Das White-Chestnut-Pferd ist unruhig, jedoch nicht unwillig. Es wird Sie mit Bereitschaft empfangen und interessiert sich für Ihre heutigen Pläne.

Manchmal hat es jedoch selbst neue Ideen, wie z.B. eine Bürste aus Ihrem Putzkasten wegzunehmen, einen anderen Platz zum Putzen zu suchen oder bei der Arbeit einen Sprung zu machen, obwohl Sie dies für heute gar nicht geplant hatten.
Dies sind alles Dinge, die beim White-Chestnut-Pferd mitunter vorkommen. Obwohl es manchmal einen chaotischen Eindruck macht, täuscht dies, denn eigentlich fühlt sich das Pferd in festen Strukturen sehr wohl. Sie werden bei diesem Pferd öfters mit Konzentrationsschwierigkeiten zu kämpfen haben, die nicht aus Unwillen oder Desinteresse entstehen, sondern eher, weil es plötzlich an etwas ganz anderes denkt oder etwas anderes sieht, das seine Aufmerksamkeit in Anspruch nimmt.
Es ist ein Tier, das wirklich Ihre Hilfe braucht. White Chestnut wird dem Tier die nötige Ruhe schenken, die Dinge einzuordnen und sich nicht mehr von den vielen Eindrücken überrollen zu lassen.

DER WHITE-CHESTNUT-HUND

Der White-Chestnut-Hund ist unternehmungslustig und will alles auf einmal. Kann man irgendwo etwas erleben, wird er sofort zur Stelle sein. Die Triebfeder hierfür ist seine geistige Unruhe, nicht seine physische (dann wäre Impatiens gefragt). Er wird auch schnell ungeduldig, wenn es gar nichts zu erleben gibt und wird von seinen unruhigen Gedanken fortgetragen. Liegt der White-Chestnut-Hund nach einem anstrengenden Spaziergang gemütlich auf seinem Platz, wird er gleich wieder aufstehen, kratzt ausgiebig über sein Kissen, dreht sich einige Male und legt sich dann wieder scheinbar zufrieden hin. Zwei Minuten später erhebt er sich schon wieder. Er muß unbedingt eben zur Tür, um nachzuschauen, woher das Geräusch gerade kam. Schade, denn er lag so gemütlich, aber was soll's: er muß noch mal los. Er kommt wieder zurück, und das ganze Ritual inklusive der Unruhe wird wiederholt.
White-Chestnut-Tiere sind häufig sehr verspannt und scheinen sich schwer hingeben zu können. Sie sind freundlich, oft aber ungeduldig.

Beschäftigt sich ein Mensch zu lange mit ihm oder fordert zu lange seine Aufmerksamkeit, irritiert dies den White-Chestnut-Hund rasch.
Konzentration ist für ihn mühsam aufzubringen, was seine Erziehung oft erschwert. Er möchte schon gern gehorsam sein, doch manchmal kommt ihm bei der Ausführung eines Befehls etwas anderes in den Sinn, womit er sich eben mal beschäftigen muß, und dies kann er nicht zurückstellen. „Entschuldigung, ich komme sofort. Erst muß ich aber das andere gerade noch erledigen."
In unseren Augen ist der White-Chestnut-Hund ungehorsam. Auch wenn es verständlich ist, dürfen wir dies nicht tolerieren, denn es könnte z.B. im Verkehr sehr gefährlich werden. Der Hund benötigt die White-Chestnut-Blütenessenz und einen ruhigen, aber durchgreifenden Umgang. 'Nicht Zuzuhören' wird nicht länger akzeptiert. 'Zwingen' Sie den Hund, seine Aufmerksamkeit auf Sie zu richten, bis er Ihren Befehl ausgeführt hat.
Entspannende Spaziergänge und, falls es gelingt, schöne entspannende Streichelmassagen können für den Hund von großer Hilfe sein.

WHITE CHESTNUT ALS SYMPTOM-BLÜTENESSENZ

Als Symptom-Blütenessenz wird die White-Chestnut-Blütenessenz nicht sehr häufig verwendet, sondern eher bei strukturellen Problemen. Falls Sie das Gefühl haben, daß Ihr Tier ständig an demselben Thema kaut, können Sie die Blütenessenz ruhig einsetzen. Sie wissen nicht, worüber sich Ihr Tier den Kopf zerbricht, aber das ist auch nicht wichtig. Sie bemerken, daß Ihr Tier häufig auf eine verspannte, etwas unglückliche, unruhige Art und Weise abwesend ist. Ob müde oder nicht, das Tier bleibt unruhig.
Dies sind Symptome, die den Einsatz die White-Chestnut-Blütenessenz bedingen. Versuchen Sie, noch deutlicher herauszufinden, was mit Ihrem Tier los ist, um weitere, unterstützende Blütenessenzen einsetzen zu können.

WILD OAT

Wild-Oat-Tiere sind sehr begabt, und es scheint, daß sie alles gut können. Sie sind nicht immer übermäßig intelligent, aber sie sind für alles Neue zu haben und machen sich neues Wissen schnell zu eigen.

Auf körperlichem Gebiet scheinen diese Tiere Talent für verschiedene Disziplinen zu haben. Sie scheinen der Pubertät nicht zu entwachsen, denn alles begeistert sie, doch nicht für lange. Sie beginnen mit allem voll guten Mutes. Doch wenn es darum geht, zu wiederholen und zu üben, sind Ihnen schon wieder andere Dinge wichtiger.

Wild-Oat-Tiere sind lustig und fröhlich im Umgang und zeigen für das Leben um sie herum viel Interesse, so daß sie für alles zu begeistern sind. Das Problem liegt in ihrem Unvermögen, etwas ernsthaft zu betreiben. Mitten in einem intensiven Training können Sie ganz unerwartet einen Seitensprung erleben, der nichts, aber auch gar nichts mit dem zu tun hat, was das Tier gerade tat. So etwas muß selbstverständlich im Training getadelt werden.

Da Sie die beim Pferd deutlich erkennbaren Talente nicht in Leistung umsetzen können, verleitet Sie Ihre eigene Frustration sehr schnell dazu, das Pferd Ihren Ärger spüren zu lassen. Hüten Sie sich davor. Wenn Sie zu oft und zu heftig in die Spontaneität und Originalität des Pferdes eingreifen, 'töten' Sie sein Naturell und damit die Lebensfreude des Pferdes, die jedoch den eigentlichen Motor für seine vielfältigen Aktivitäten darstellt.

Sparen Sie nicht an der Wild-Oat-Blütenessenz, und nähern Sie sich dem Tier mit freundlicher, aber unerschütterlicher Sicherheit! Versuchen Sie fortwährend, auch während des Trainings, seiner Natur entgegenzukommen, und wiederholen Sie nicht zu lange dieselben Übungen! Machen Sie es dem Tier diesbezüglich etwas einfacher. Trotzdem muß alles, was Sie vom dem Tier verlangen, unwiderruflich geschehen.

DAS WILD-OAT-PFERD

Das Wild-Oat-Pferd ist rührend und hat eine einnehmende Art. Es ist immer bereit, einen freundlichen 'Plausch' zu halten und sich für andere zu interessieren und zu hören, was jeder, der vorbeikommt, ihm zu erzählen hat. Dadurch wird es zu jedermann's Freund, und doch weiß es sehr genau, wem seine wahre Liebe gehört: dem Reiter und/oder dem Pfleger. Das Wild-Oat-Pferd findet eigentlich alles amüsant, und darum ist der Umgang mit ihm sehr angenehm. Manchmal ist es allerdings zu ungestüm und zu sehr zum Scherzen aufgelegt: z.B. kann es, wenn es geputzt wird, plötzlich den Putzeimer umwerfen, und ein anderes Mal zieht es Sie am Gürtel, wenn Sie sich gerade über einen Huf beugen. Das Überrraschungsmoment gehört einfach zu diesem Pferd – so auch beim Reiten. Das Wild-Oat-Pferd wird gern mit Ihnen arbeiten und es genießen, die Grenzen seines Könnens zu erweitern. Nach seinem Geschmack darf die Unternehmung nur nicht zu langatmig werden, denn dann verliert es schnell die Lust. Es packt das Beißzeug und brennt durch oder meint, 'Gespenster' zu sehen, vor denen es stark erschrecken 'muß', u.s.w. Die Kunst mit dem Wild-Oat-Pferd zu arbeiten, besteht darin, seinem wißbegierigen Geist genügend Abwechslung zu bieten, und zwar immer wieder auf andere Weise, denn das fesselt seine Aufmerksamkeit.

Haben Sie den Eindruck, daß das Pferd durch sein Wild-Oat-Verhalten zu Schaden kommt, wird es Zeit, die Blütenessenz zu verabreichen. Dies ist z.B. dann der Fall, wenn die dem Reiter oder dem Besitzer entgegengebrachte Abneigung strukturell zu werden droht, oder wenn das Tier zu sehr darauf aus ist, Neues und Gefährliches zu entdecken (Ausbrechen von der Weide oder aus dem Stall; häufiges Jagen mit anderen Tieren, was die Gefahr von Verletzungen in sich birgt).

Es ist schwierig den richtigen Moment für eine sinnvolle Intervention zu bestimmen. Das Wild-Oat-Pferd ist eigentlich ein unverbesserliches, gewissermaßen noch in der Pubertät steckendes Pferd. Dies ist in der Pubertätsphase selbst akzeptabel, doch später erwarten wir eine Entwicklung, die solche Verhaltensweisen hinter sich läßt. Bleibt dieser Reifungsprozeß jedoch aus, so ist dies von Nachteil für die weitere Entwicklung des Individuums. Werden die zur Puberät gehörenden Verhaltensweisen im Erwachsenenalter beibehalten, liegt eventuell eine Indikation für die Verabreichung der Wild-Oat-Blütenessenz vor.

Der Wild-Oat-Hund

Der Wild-Oat-Hund ist ein wunderbarer Kamerad, der immer zu Späßen gelaunt ist. Denken Sie sich keine aus oder ergeben sie sich nicht aus den Umständen, so kreiert er sie selbst. Er zieht die Tischdecke vom Tisch oder jagt die Katze die Gardine hoch, spielt mit einem Ball, den er unter dem niedrigen Tisch hervorholt, wobei er diesen umstößt: das ist der Wild-Oat-Hund.

Gleichzeitig zeichnet er sich durch hohe Intelligenz aus, die er oft und gezielt einsetzt. Fördert der Hundebesitzer diese nicht, z.B. im Hunde-Club mit ihm zu arbeiten oder ein eigenes Geschicklichkeitstraining aufzubauen, dann wird der Hund selbst aktiv. Das beginnt mit dem Sezieren eines Schuhs oder einer Zeitung und kann soweit gehen, daß er die Haustür öffnet und kurz vor einem Auto die Straße überquert. Danach amüsiert er sich, indem er sich einem Fahrradfahrer an die Hose hängt und ihn damit in die Flucht schlägt. Ist dies gelungen, dann wird es Zeit für etwas Lustigeres: vielleicht ein Motorrad und dann ein Auto?

Es scheint also ein lästiger und ungehorsamer Hund zu sein – was er auch wirklich leicht werden kann. In jedem Fall ist es ein Hund, der Sie zeitlich immer stark beanspruchen wird. Am liebsten ist es ihm, wenn Sie viel mit ihm unternehmen, wobei er nicht nur in den Wald gehen möchte, um dann einen gedankenverloren geworfenen Stock zu apportieren. Das reicht dem Wild-Oat-Hund nicht. Er braucht Übungen, die ihn erschöpfen. Er

möchte Sie z.B. verfolgen, während Sie sich verstecken oder zwischen Bäumen Slalom spielen. Schenken Sie dem Wild-Oat-Hund auf diese Weise Aufmerksamkeit, dann werden Sie an ihm einen gehorsamen Hund haben, denn sein Bedarf an geistiger Anstrengung und neuen Eindrücken wird befriedigt.
Diesen Prozeß des Erwachsenwerdens kann man gut mit der Wild-Oat-Blütenessenz unterstützen. Alle Wesen entwickeln sich. Das ist ein Naturgesetz und gilt auch für diesen Hund. Gehen Sie außerdem gut mit Ihrem Hund um, dann wird der Reifungsprozeß seine originäre Spontaneität nicht beeinträchtigen!

WILD-OAT ALS SYMPTOM-BLÜTENESSENZ

In allen Fällen, in denen Sie den Eindruck haben, daß Ihr Tier in seinem geistigen Wachstum stecken geblieben ist, kann Wild Oat als Symptom-Blütenessenz eingesetzt werden. Ist das Tier zu lange 'flatterig', bleibt es impulsiv und konzentriert sich viel zu kurz auf das, was Sie als wichtig und geeignet ansehen, kann die Wild-Oat-Blütenessenz ebenfalls helfen.
Zur Beruhigung: Diese Tiere bleiben, unabhängig davon, wie wir uns ihnen nähern, natürlich, spontan und kreativ. Darin liegt ihre Kraft und ihr Wert. Behandeln Sie diese Tiere gut! Sie können sich zu vielseitig begabten Tieren entwickeln, die die verschiedenartigsten und schwierigsten Aufgaben mit hoher Präzision ausführen.

WILD ROSE

Wild-Rose-Tiere sind ruhig und zufrieden, setzen sich nicht unter Streß und haben selten das Bedürfnis, sich gegen irgend etwas aufzulehnen oder Veränderungen herbeizuführen. Eigentlich sind es unter den Tieren die 'guten Schlucker', sehr leicht im Umgang und immer bereit, mit dem Besitzer an die Arbeit zu gehen. Auch sozial sind die Wild-Rose-Tiere unkompliziert, denn sie passen in jede willkürlich gewählte Gruppe; sie fügen sich ein und strahlen dieses Verhalten so sehr aus, daß sie von den anderen Tieren problemlos akzeptiert werden.

Das Wild-Rose-Tier wirkt ein wenig ausgelaugt. Es scheint sehr schnell mit allem einverstanden zu sein, was die Lebensfreude etwas verringert. Man meint, es hätte beschlossen, sich über nichts mehr aufzuregen, weder im negativen noch im positiven Sinne. Letzteres ist schade, denn wir sehen gern ein Tier, das das Leben genießt, und wir möchten unseren Einsatz für das Tier auch belohnt sehen. Manchmal wünschten wir, das Wild-Rose-Tier wäre einmal ungezogen.

Wild-Rose-Tiere haben oft ein sehr bewegtes Leben hinter sich und sind dadurch zu dem Entschluß gekommen, daß es einfacher ist, sich in Zukunft über nichts mehr aufzuregen.

Es ist möglich, daß das Tier schon im negativen Wild-Rose-Zustand geboren wurde, wobei es diesen Energiemangel von der Mutter übernommen hat. Man kann dies an den ersten Bewegungen erkennen, z.B. an der Art und Weise, wie das gerade geborene Fohlen versucht aufzustehen und etwas phlegmatisch nach der Zitze sucht. Bei jungen Welpen wird der Wild-Rose-Zustand erst später deutlich. Im Nest nimmt das Tier gern eine hintere Position ein, ohne darunter zu leiden. Es ist dick und rund genug und sieht eigentlich ganz zufrieden aus. Einen kläglichen Eindruck macht es sicherlich nicht!

DAS WILD-ROSE-PFERD

Das Wild-Rose-Pferd ist ein ideales Pferd für Anfänger, ältere Menschen oder Behinderte, denn man braucht bei ihm keine unerwarteten Bewegungen zu befürchten. Die Pferde lassen sich alles brav gefallen, selbst wenn neben ihnen eine Kanone gezündet werden würde, regen sie sich nicht auf,.

Es scheint ein ideales Pferd zu sein, so brav, so unkompliziert. Da braucht man doch eigentlich nicht viel zu verändern, es ist doch so schön einfach. Falsch gedacht! Wir sind es den Tieren und uns schuldig, diesen Zustand zu verändern. Am Anfang ist die Interaktion zwischen Pferd und Reiter, beziehungsweise seinem Pfleger, gleich Null. Fast könnte man es mit einem Schaukelpferd verwechseln, was aber sicherlichlich nicht wünschenswert ist. Selbst ein Anfänger akzeptiert eine solche Lethargie allenfalls nur zwei- oder dreimal, und er wird sein Interesse am Reiten bei einem solchen Tier schnell verlieren. Ob dem Anfänger dies bewußt ist oder nicht, er möchte wegen der zu entwickelnden, zu stimulierenden Zusammenarbeit mit dem Pferd reiten. Kommt diese nicht zustande, dann ist ein Schaukelpferd sicher billiger.

Von unserem Pferd fordern wir mehr, und wir versuchen auch um des Pferdes selbst willen, die Situation zu verändern. Sich nicht mehr zu emotionalen Gefühlsäußerungen bewegen zu lassen, ist ungesund; dies gilt auch für ein Pferd, das die Interaktion mit Menschen und Artgenossen zum Überleben gleichfalls benötigt.

Selbstverständlich sind Phasen mit 'emotionalen Tiefs' nicht schön, aber ohne Täler können wir die Gefühlshöhen, die so herrlich sind, niemals erleben!

Die Gemütsbewegungen müssen nicht so intensiv sein wie z.B. beim Wild-Oat- oder beim Impatiens-Pferd, aber einige Wellenbewegungen

sind für das Wohlergehen des Tieres doch notwendig. Ein Leben ohne Höhen und Tiefen müssen wir also immer als ungesund betrachten. Es zwingt uns zum Handeln, zur Verwendung der Wild-Rose-Blütenessenz und zur Durchführung einer Therapie.
Stellen Sie das Wild-Rose-Pferd zu einem lebenslustigeren Tier (z.B. Wild Oat) auf die Weide. Ist dies nicht möglich, stimulieren Sie das Pferd regelmäßig dazu, etwas Verrücktes zu tun. Gehen Sie einmal nicht sofort zur Arbeit in die Manege, sondern laufen Sie erst einmal drum herum! Satteln Sie das Pferd nicht sofort, sondern reiten Sie einmal ohne Sattel (oder mit, wenn Sie normalerweise ohne reiten)! Lassen Sie es einmal im Gespann gehen oder reiten Sie auf neuen Wegen! Arbeiten Sie mit dem Pferd an der Longe und in Teamarbeit, und suchen Sie nach Reizen, Reizen und nochmals nach Reizen für dieses Pferd!

Der Wild-Rose-Hund

Der Wild-Rose-Hund scheint ein sehr braves, gutmütiges Tier zu sein. Er schläft immer artig auf seinem Platz, ruhig mit dem Kopf auf den Vorderpfoten ins Zimmer schauend. Der Wild-Rose-Hund bittet selten um etwas und wirkt durchaus zufrieden. Er findet vieles gut, aber nicht alles; und wirklich glücklich scheint das Tier bei genauerer Betrachtung doch nicht zu sein. Ich sage bewußt 'bei genauerem Hinsehen', denn wir könnten uns leicht täuschen lassen. Da der Hund im Umgang so unkompliziert ist und mit dem Gang der Dinge zufrieden zu sein scheint, wollen wir gerne annehmen, das dies auch so ist. Wir sind (unbewußt) bereit, ein wenig blind zu sein.
Achten Sie darauf, ob die Zufriedenheit des Hundes aufgesetzt oder echt ist. Handelt es sich um eine unechte, dann strahlt der Wild-Rose-Hund eine gewisse Apathie aus, als ob das Leben ihn nicht wirklich begeisterte. Spiele, die man mit ihm machen möchte, werden selten geschätzt und auch ein Waldspaziergang begeistert ihn nicht wirklich: er geht nur selten auf Entdeckungstour.

Lassen wir diesen Zustand zu lange andauern, so haben wir bald einen früh gealterten Hund, der oft jämmerlich hinter seinem mit strammem Schritt vorauseilenden Besitzer her trottet – und letzterer weiß keinen Rat mehr für seinen ausgelaugten Begleiter.

Der Hund im negativen Wild-Rose-Zustand benötigt Hilfe. Wir beginnen mit der Verabreichung der Wild-Rose-Blütenessenz, falls nötig, in Kombination mit Olive und Walnut (siehe die jeweiligen Blütenessenzen).

Weiterhin werden wir das Tier langsam und nicht zu hastig mit neuen Reizen konfrontieren.

Für diesen Hund kann auch die direkte Berührung sehr wichtig sein. Zeigen Sie ihm, daß es Dinge gibt, die einfach schön sind – anfangs ohne daß es den Hund Energie oder Anstrengung kostet, denn er ist in seinem Zustand etwas träge geworden. Massieren Sie ihn eine Zeitlang regelmäßig oder bürsten Sie ihn täglich, auch wenn das Fell es nicht nötig hätte!

Schritt für Schritt, wenn der Hund gelernt hat, diese Art der Zuwendung zu genießen, können Sie die 'Sonderbehandlung' auslaufen lassen. Zuerst wandeln Sie die Massagen ab in eine leichte 'Streichelpartie', später etwas stärker und noch einen Schritt später machen Sie ein Spiel daraus.

Lassen Sie alles langsam angehen, überhasten Sie nichts! Denn die Lethargie, zu der sich Ihr Hund selbst verurteilt hat, ist derzeit so bequem, daß er sie nicht gerne aufgibt. Jedenfalls nicht in schnellen Schritten.

Wild Rose als Symptom-Blütenessenz

Ein deutliches Zeichen für einen temporären Bedarf an Wild Rose ist Apathie. Dies ist auch der Fall, wenn das Tier allem Anschein nach nicht mehr allzu aktiv am Leben teilnehmen will. Im allgemeinen verwendet man die Wild-Rose-Blütenessenz als Typen-Blütenessenz, doch zur Unterstützung von Olive kann die Wild-Rose-Blütenessenz auch als Symptom-Blütenessenz hervorragende Dienste leisten.

Willow

Der Willow-Typus ist schwer vom Holly-Typus zu unterscheiden, denn beide hadern mit dem Leben und hegen Groll. Der Holly-Typus zeigt dies sehr deutlich, wohingegen der Willow-Typus mürrisch ist und seinen Ärger nach innen richtet. Sein Groll richtet sich nicht gegen Sie, sondern gegen das Leben allgemein. Der Willow-Typus kann über Nichtigkeiten lange verärgert sein.

In einer Gruppe fallen die Willow-Tiere dadurch auf, daß sie nicht von sich aus auf andere zugehen, um ihren Kummer abzureagieren, sondern daß sie sich in eine Ecke stellen und dort schmollen. Kommt ein anderes Tier auf sie zu, dann reagieren sie gereizt und wenig tolerant. Die Willow-Tiere tendieren zum Selbstmitleid und gleichen einem leidenden Häufchen Elend. Ohne tatsächlich Widerstand zu leisten oder ihre Unzufriedenheit auf andere Art zu äußern, strahlen sie diese doch sehr stark aus.

Die Ursache dieser Lebenseinstellung ist oft nicht zu ermitteln. Selbst Tiere, die unter günstigsten Bedingungen aufwuchsen, können in den negativen Willow-Zustand gelangen.

Arbeiten Sie mit der Willow-Blütenessenz, und nähern Sie sich dem Tier in einer positiven Art und Weise, ohne sich von seiner Verbitterung aus der Bahn bringen zu lassen, so werden Sie schon bald Erfolge verzeichnen können.

DAS WILLOW-PFERD

Das Willow-Pferd ist recht launisch und wendet sich meistens halb ab, wenn Sie seine Box betreten. Es tut Ihnen nichts, aber da 'Sie ihm wohl nichts Gutes bringen werden', wird es Ihnen eher aus dem Wege gehen.
Beginnen Sie mit einem freundlichen „Guten Tag"! Das Pferd antwortet Ihnen 'still', mit unruhigen und mißtrauisch gestellten Ohren, denn es rechnet sicher damit, daß Sie gleich etwas Unangenehmes tun werden.
Das Putzen geht ganz gut, doch bleibt das Tier mürrisch und mißtrauisch. Bringen Sie dann den Sattel, so besteht die Möglichkeit, daß das Willow-Pferd sich dagegen wehrt, obwohl diese Tiere normalerweise ihre gesamte Energie darauf verwenden, böse und unglücklich zu sein, nicht aber, um sich zu wehren.
Die Arbeit mit dem Willow-Pferd ist mühsam, denn es hat zu nichts Lust, weder zum Vorwärtsgehen, noch dazu, Übungen zu machen, oder mit Ihnen zu kommunizieren – und schon gar nicht mag es sich selbst. Das ist natürlich die denkbar schwierigste Ausgangsbasis für eine konstruktive Zusammenarbeit. Viele Willow-Pferde landen in schlechten Manegen, wo sie mit der Peitsche und unter großem Druck zur Arbeit gezwungen werden, bis ihr Lebenslicht erlischt. Eine Sünde, denn dies wäre keinesfalls nötig. Ein Mangel an Willow-Energie ist die Ursache für das Verhalten dieser Pferde, und das bedeutet, daß das Problem einfach gelöst werden kann. Willow zusammen mit Walnut kann sehr heilsame Wirkungen erzielen. Auch Crab Apple hat in solchen Fällen oft Erfolg. Das Ergebnis wird schließlich ein positiv eingestelltes Pferd sein, das gerne an einer konstruktiven Beziehung arbeitet, mit der beide Seiten zufrieden sein können.

DER WILLOW-HUND

Der Willow-Hund ist kein einnehmendes Tier, denn er ist mürrisch, gerät schnell außer sich und fängt rasch an zu knurren. Er wirkt wie ein alter mürrischer Mann, der nichts und niemand in seiner unmittelbaren Umgebung duldet.

Nähern Sie sich dem Willow-Hund in positiver Weise, wird er sich fragen, was da wohl wieder dahintersteckt, denn er ist extrem mißtrauisch.
Der Willow-Hund gehorcht ganz gut, wenn Sie ihm nicht zu viel abverlangen. Er begleitet Sie jedoch ohne jegliche Freude auf Ihren Spaziergängen, denn er betrachtet das Spazierengehen als eine lästige Aufgabe, die Sie sich nur ausgedacht haben, um ihn zu ärgern. Mit anderen Hunden zu spielen, kommt gar nicht in Frage. Stock- oder Ballspiele erwecken bestenfalls seine höfliche Geringschätzung, denn Spaß hat er daran nicht.
Lebt der Willow-Hund mit anderen zusammen, wird er niemandem lästig fallen, denn er ist am liebsten allein. Er will keine zusätzlichen Probleme, denn davon hat er schon selbst genug: seine Wut dem Leben gegenüber, in die er sich auf seinem Platz, in seinem Korb, noch mal vertieft.
Der Willow-Hund benötigt dringend unsere Hilfe, denn ein Tier ohne Lebensfreude braucht sie per Definition sehr dringend. Solch ein Verhalten ist unnatürlich und führt deshalb zu physischen Beschwerden. Das zieht noch mehr Probleme nach sich, denn ... er wußte es schon immer tief im Innern: Das Schicksal hält noch mehr Verdrießlichkeiten für ihn bereit, und der dumme Besitzer, der vorgibt, für ihn zu sorgen, kann daran auch nichts ändern u.s.w.
Die obige Beschreibung des negativen Willow-Zustandes ist gewiß stärker 'menschlich gefärbt' als die Ausführungen zu den anderen Blütenessenzen. Diese äußerst negativen Zustände kommen bei Tieren selten vor – bei Menschen dafür umso öfter, weshalb ich hoffe, daß die Beschreibung Ihnen das eine oder andere verdeutlicht.
Neben dem Willow-Hund mangelt es eventuell auch dem Olive-, dem Walnut- und/oder dem Crab-Apple-Hund an der Anerkennung seines eigenen Wertes und der Würdigung des Lebens.
Lassen Sie den Willow-Hund merken, daß er sich 'anstellt', wenn er meint, daß Sie ihm Unrecht tun! Lachen Sie ihn, wenn nötig sogar aus und fordern Sie eine stärkere Begeisterung bei lustigen Dingen! „Komm, du bist nicht so jämmerlich. Das Leben ist gar nicht so schlimm." Geben Sie dem Willow-Hund in einer spielerischen Art und Weise auch mal einen leichten Knuff oder Stüber!

Arbeiten Sie mit dem Willow-Hund viel in der freien Natur und versuchen Sie, ihm so das Spielen und Entspannen schmackhaft zu machen! Mit Hilfe der Willow-Blütenessenz wird dies sicherlich gelingen.

WILLOW ALS SYMPTOM-BLÜTENESSENZ

Als Symptom-Blütenessenz dient Willow, wenn ein Tier plötzlich nicht mehr aufhört, wegen eines 'Rüffels', den es von einem Gefährten aus der Herde oder aus dem Rudel erhielt, zu schmollen. Sehen Sie, daß das Tier seine Lebensfreude verloren hat, daß es sich nicht mehr für spaßige Dinge interessiert, daß es einfach ein wenig mürrisch in einer Ecke steht und keine Lust mehr hat, so kann die Willow-Blütenessenz weiterhelfen. Je nach Situation sind noch andere Blütenessenzen unterstützend erforderlich. Finden Sie keine eindeutigen Ursachen für dieses temporäre Verhalten, dann können Sie ruhig ausschließlich mit der Willow-Blütenessenz arbeiten!

Zubereitung und Dosierung von Bach-Blütenessenzen

Sind Sie nach dem Lesen des Buches zu dem Entschluß gekommen, daß Sie mit den Bach-Blütenessenzen arbeiten möchten, dann können Sie auf unterschiedliche Art und Weise beginnen:

* Sie wählen die Blütenessenzen, mit denen Sie arbeiten möchten, aus, kaufen die betreffenden 'stock bottles' (Vorratsflaschen) und stellen Ihre eigenen Gebrauchsfläschchen her. Die Anweisungen hierfür erfolgen weiter unten.
* Sie kaufen das gesamte 'stock-bottle'-Set, so daß Sie jederzeit die Möglichkeit haben, die verschiedensten Mischungen herzustellen. Nicht nur für Ihre Tiere haben Sie die Blütenessenzen dann immer zur Hand, sondern Sie können sie auch für sich selbst oder Ihre Familienangehörigen und Freunde verwenden.

Die Anschaffung des gesamten Sets ist zwar eine kleine Investition, doch können Sie dann jahrelang damit arbeiten. (die 'stock bottles', sind recht lange haltbar). Dann haben Sie auch die Möglichkeit, aus allen Blütenessenzen auszuwählen.
Entscheiden Sie sich dafür, immer nur die 'stock bottles' zu kaufen, die Sie gerade benötigen, so können Sie sich natürlich auch nach und nach das gesamte Set zusammenstellen. Dies ist jedoch eine kostspieligere Variante, da die Fläschchen einzeln teurer angeboten werden als im Set.
Sie können die Gebrauchsfläschchen auch von jemandem zusammenstellen lassen, der im Besitz der 'stock bottles' ist. Sie finden bestimmt Menschen in Ihrer Umgebung, die Ihnen mit ihren Sets weiterhelfen können. New-Age-Geschäfte verkaufen ebenfalls oft Blütenessenzen.

Falls Sie selbst ein Gebrauchsfläschchen zusammenstellen möchten:
Nehmen Sie ein 30 ml Pipettenfläschchen aus dunkelbraunem Glas (in der Apotheke erhältlich) und füllen dieses zu drei Vierteln mit frischem Quellwasser.
Für ein Pferd geben Sie jeweils ca. 6 Tropfen der von von Ihnen ausgewählten Blütenessenzen in das Fläschchen. Für einen Hund sind jeweils ca. 4 Tropfen der jeweiligen Blütenessenz die geeignete Dosierung.
Versuchen Sie die Mischung auf maximal 4 oder 5 Blütenessenzen zu beschränken: je weniger desto besser.
Fügen Sie dieser Mischung noch einige Tropfen Alkohol bei, um die Haltbarkeit zu verlängern. Ich mache dies fast nie, da ich die Mischungen ohnehin recht schnell verbrauche, oder eine spezielle Mischung später nicht mehr benötige.
Lassen Sie sich nicht dazu verleiten, mehr als 6 bzw. 4 Tropfen einer Essenz in das Fläschchen zu geben, denn im Falle der Bach-Blütenessenzen wäre dies keinesfalls besser!
Die Dosis von 6 Tropfen pro Blütenessenz weicht etwas von der empfohlenen Dosierung für Menschen ab, doch sind meine Erfahrungen mit der Dosierung von 6 Tropfen für Pferde und 4 Tropfefn für Hunde am besten.
Von der so hergestellten Mischung verabreichen Sie dem Pferd auf jeden Fall zweimal täglich 6 Tropfen und dem Hund zweimal täglich 4 Tropfen.
Schütteln Sie das Fläschchen leicht vor Gebrauch.
Sie können keinen Schaden anrichten, wenn Sie die Blütenessenzmischung häufiger als zweimal am Tag verabreichen, falls Sie intuitiv spüren, daß hierfür Bedarf besteht. Geben Sie dem betreffenden Tier jedoch nicht mehr als 6 Dosierungen pro Tag!
Im allgemeinen ist es am besten, in den ersten zwei Wochen der Behandlung die Blütenessenzmischung 4-mal am Tag und in den letzten Wochen 2-mal täglich zu verabreichen.
Die Mischung muß kühl und dunkel gelagert und nach Gebrauch gut verschlossen werden, so daß kein Staub oder Schmutz aus dem Stall die Qualität beeinträchtigt.

Bach-Blütenessenzen auspendeln

Der Gebrauch des Pendels ist vielen Lesern sicherlich nicht unbekannt. Für diejenigen, die damit noch nicht vertraut sind, gebe ich hier eine kurze Arbeitsbeschreibung. Vielleicht entscheiden Sie sich nach dem Lesen, einmal den Gebrauch des Pendels zu versuchen. Viel Erfolg!
In meinen Augen ist das Pendel lediglich ein Hilfsmittel – ein Übersetzer – unseres intuitiven (instinktiven) Wissens. Es ist kein Wunderding, hat keine selbständigen Eigenschaften oder irgendwelche Zauberfähigkeiten. Es ist ein Gegenstand, der an einer Schnur gerade nach unten hängt. Es kann ein Ring sein, ein Knopf oder jeder andere Gegenstand, der Ihnen gefällt, und den Sie an einer Schnur befestigen.
In New-Age-Läden können Sie Pendel der unterschiedlichsten Formen, Größen und Preise kaufen. Ein gutes Pendel braucht nicht teuer zu sein. Für einen Anfänger ist es vorteilhaft, wenn das Pendel nicht zu leicht ist. Das einzige Kriterium für die Auswahl ist, daß Sie das Pendel schön finden und es Ihnen gut in der Hand liegt.
Das Pendel kann nur drei Antworten geben: 'ja', 'nein', 'vielleicht' (bzw. 'ich weiß nicht'). Ferner kann es auf etwas hinweisen.
Zuerst müssen Sie herausfinden, was für Ihr Pendel 'ja', 'nein' oder 'vielleicht' bedeutet. Setzen Sie sich an einen Tisch, die Füße auf den Boden gestellt, den Rücken gerade und Ihre Ellbogen auf den Tisch aufgestützt. Lassen Sie nun das Pendel gerade nach unten hängen und sagen Sie ihm – laut oder in Gedanken – daß es ruhig hängen soll. Gelingt Ihnen das, dann fragen Sie „Was ist unser gemeinsames Ja?"
Warten Sie eine Weile. Das Pendel wird sich schließlich bewegen. Diese Bewegung steht dann für das „Ja".
Auf dieselbe Weise bestimmen Sie die beiden anderen Antworten.
Antwortet Ihr Pendel Ihnen mit sehr schwachen, fast nicht erkennbaren Bewegungen, dann können Sie es ruhig bitten, deutlicher zu antworten.

Betrachten Sie das Pendel als einen guten Freund und sprechen Sie auch so mit ihm. Gibt es eine undeutliche Antwort, dann haben Sie nichts davon. Der Freund (das Pendel) strengt sich dann umsonst an, denn Sie verstehen ihn nicht. Also, lieber, guter Pendelfreund: etwas deutlicher bitte!

Erhalten Sie jetzt mehr Klarheit, können Sie sich eine Pendelkarte anfertigen. Dafür nehmen Sie einen großen weißen Karton und zeichnen einen in 38 Segmente unterteilten Halbkreis auf, so wie er auf der gegenüberliegenden Seite abgebildet ist. Schreiben Sie die Namen der Bach-Blütenessenzen in die Segmente.

Lassen Sie nun die Spitze Ihres Pendels über den Punkt X hängen! Stellen Sie Ihre Ellbogen dabei ruhig auf den Tisch – es geht dann einfacher!

Hängt das Pendel still, dann denken Sie intensiv an das Tier, dem Sie helfen möchten oder legen einige Haarsträhnen (am besten von der Mähne oder dem Schwanz) auf den Punkt X.

Bitten Sie nun das Pendel, die Blütenessenzen anzuzeigen, die geeignet sind, das Problem des Tieres zu lösen.

Die Blütenessenzen, die das Pendel Ihnen gezeigt hat, testen Sie nun nochmals getrennt aus, indem Sie fragen:

„Ist die Blütenessenz ... .geeignet, das Problem ... (nennen Sie es beim Namen) von ... .(nennen Sie das Tier beim Namen) lösen zu helfen?“

Ein „Ja“ oder ein „Nein“ werden die Antwort sein. Haben Sie so die Liste der Blütenessenzen, die in der ersten Instanz gewählt wurden, nochmals nachgetestet, dann schließen Sie z.B. mit der Frage:

„Gibt es noch mehr Blütenessenzen, die verwendet werden sollten?“

„Sollten diese jetzt oder in einem späteren Stadium verwendet werden?“

Sagt das Pendel zu beiden Fragen „ja“, dann beginnen Sie aufs neue mit der Pendelkarte.

So einfach ist das!

Wichtig: Die oben beschriebene Art, als ‘Anfänger’ mit dem Pendel zu arbeiten, ist eine von vielen Möglichkeiten dieses Instrument zu benutzen. Es gibt viele Methoden, und jeder wählt seine eigene, mit der er am besten zurechtkommt. Die beschriebenen Regeln sind nur Anregungen für den Gebrauch des Pendels. Sie werden bestimmt Ihre eigene Methode entwickeln. Dies ist gut so – und letztendlich auch der Sinn.

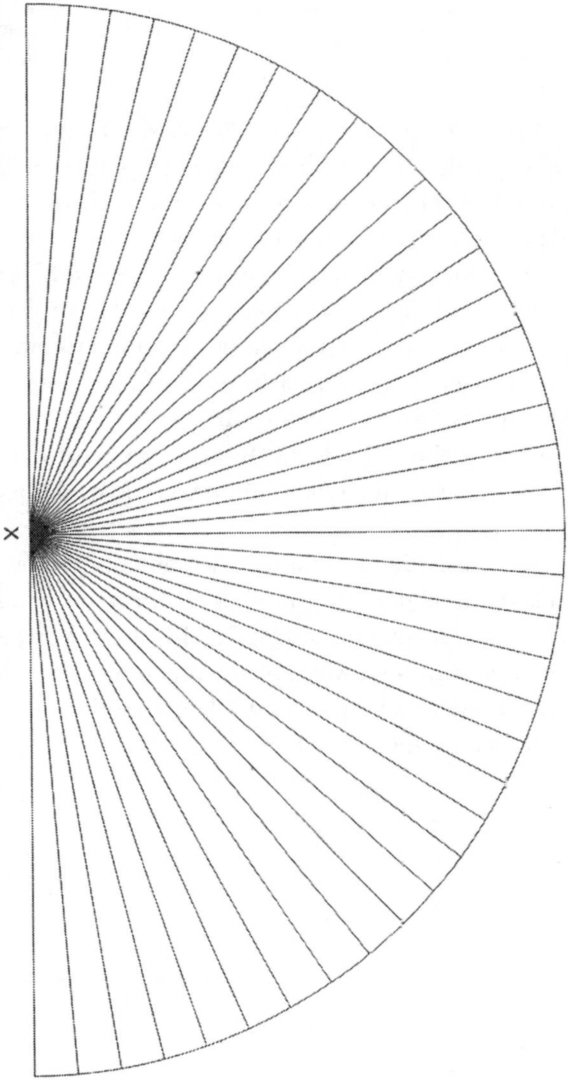

Register

Gebrauchsanweisung: Sie haben ein Problem, z.B. einen beißenden Hund. Dann schlagen Sie unter den bei 'Beißen' angegebenen Seitenzahlen nach, die auf verschiedene Blütenessenzen verweisen. Unterschiedliche Gemütszustände können ja das Beißen hervorrufen.
Lesen Sie aus diesem Grund zuerst die allgemeine Blütenessenzbeschreibung, die zu der Textstelle gehört, auf die Sie verwiesen wurden und überlegen Sie, ob die Beschreibung auf Ihren Hund zutrifft. Ist dies nicht der Fall, so gehen Sie zu der nächsten Textstelle über, auf die unter dem betreffenden Stichwort verwiesen wird.
Sind Sie der Meinung, daß die Beschreibung auf den Charakter Ihres Tieres zutrifft, so lesen Sie bitte für weitere Instruktionen den Abschnitt über den Hund.
Ist es Ihnen zu lästig, alle Blütenessenzabschnitte, auf die hingewiesen wird, zu lesen, so können Sie auf die viel kürzeren Charakterbeschreibungen für den Menschen im Kapitel 'Die 38 Charaktertypen für Menschen' zurückgreifen. Möglicherweise reicht Ihnen diese Beschreibung, um die geeigneten Blütenessenzen auszuwählen. Dasselbe gilt selbstverständlich für die Blütenauswahl beim Pferd.

A

B

C

D

E

F

G

H

I

J

K

L

R

S

W

Z

LAREDO VERLAG UND LEBENSFREUNDLICHE PRODUKTE

Unterlagenanforderung (bitte einsenden)

Ich interessiere mich für folgende Produkte oder Dienstleistungen aus Ihrem Programm: (Gewünschtes bitte ankreuzen)

○ Katalysatoren für die Seele - Self-Heal Creme für die Erste Hilfe, Kräuter blütenöle zur Körpermassage
  - ○ Kalifornische (FES) Blütenessenzen
  - ○ Australische Bush Blütenessenzen
  - ○ Englische Healing Herbs Blütenessenzen
  - ○ Hawaiische Aloha Tropen Blütenessenzen

○ Umweltschonende und körperfreundliche Mittel - zum Waschen, Reinigen und zur Körperpflege

○ Der Weg zur gesünderen Ernährung - Nahrungsergänzun Vitamine, Minerale, Spurenlemente, Ballaststoffe, Enzyme, im natürlichen Wirkstoffkomplex

○ Gesundheit durch Entschlackung; basisch-mineralische Körperpflege mit pH-Wert 8,5

○ Körperöle und Salben mit feinstofflicher Wirkung - Chakraöle, Sternzeichenöle, Yin-Yang-Öl, AphroditEROSenöl, Metamorphosesalbe für die Fußreflexzonenmassage, Duftcremes, Planetenöle

○ Haarmineralienanalyse - um den Mineralhaushalt im Körper festzustellen

○ Literatur aus dem LAREDO VERLAG für Gesundheit und ein positives Leben

Meine Anschrift:

Lebensfreundliche Produkte
Herbert Thelesklaf
LAREDO VERLAG
Sonnenstraße 1

D-83339 CHIEMING

____
Name Vorname

____
Straße und Hausnummer

____
PLZ Ort

____
Telefon Datum

Dr. C. Norman Shealy/Caroline M. Myss

Auch Du kannst Dich heilen

Emotionale, psychische und geistige Faktoren, die Gesundheit und Heilung fördern

Aus den Wechselwirkungen zwischen Körper und Geist kann der Mensch Kräfte für sich nutzbar machen - und sich ganz bewußt ein gesundes Leben erschaffen. Zum ersten Mal zeigen Caroline Myss und Norman Shealy anhand von zahlreichen Beispielen auf, wie körperliche Heilung und geistige Veränderung zusammenhängen.
Wer krank ist, geht zum Arzt. Dort bekommt er Medikamente und – wenn er Glück hat – ein kurzes Gespräch, in dem seine Beschwerden medizinisch erklärt werden. Aber soll das schon alles sein? Sind die vielfältigen Probleme, die Menschen mit ihrem Körper, ihrem Wohlbefinden, haben können, auf diese Weise wirklich zu lösen? Ganz sicher nicht. Wer nur an sich herumdoktern läßt, vergißt die wichtigste Herausforderung im Leben: Verantwortlichkeit für sich selbst zu übernehmen und die Macht des eigenen Geistes zu nutzen – auch in Hinblick auf den Körper. Die Autoren Norman Shealy und Caroline Myss bringen diese Zusammenhänge auf eine wichtige Formel: *„Auch Du kannst Dich heilen"*, heißt ihr Buch, das erstmals Erkenntnisse moderner Medizin mit den Eigenkräften des menschlichen Energiesystems in Verbindung bringt. Ein Standardwerk der Heilkunst auf der Schwelle zum neuen Jahrtausend.
Der Neurochirurg Shealy machte sich vor allem durch seine Forschungen zu Schmerz- und Streßbekämpfung einen Namen. Dabei wurde er auf die Arbeit von Caroline Myss aufmerksam, die die geistigen Grundlagen der Gesundheit untersucht und vor allem Störungen im energetischen Bereich, dem Kraftfeld des Menschen, erforscht. In ihrem Buch vernetzen die beiden Wissenschaftler diese Ebenen, um maximale Erfolge zu erzielen. So entstand ein ausführlicher Leitfaden der psychologischen Medizin mit der Möglichkeit zu Erkenntnissen und Selbsterkenntnissen. Eine Vielzahl beschriebener Schicksalsfälle von Patienten, die durch geistig-energetische Entwicklung geheilt werden konnten, macht dabei Mut, die Verant-wortung für das eigene Leben und die eigene Gesundheit zu übernehmen.

ISBN 3-927518-23-9

Penny Medeiros

Aloha – Hawaiische Tropenblütenessenzen

„Aloha – Hawaiische Tropenblütenessenzen“ ist in erster Linie ein praktisches Selbsthilfebuch, das die 'seelenheilenden' und erhöhenden Energien von 70 hawaiischen Blütenessenzen beschreibt. Jede der beschriebenen Essenzen besitzt Schwingungseigenschaften, die Ausgeglichenheit und Harmonie in unser Leben bringen. Mittel für Beziehungs- und Selbstwertprobleme sowie Eigenverantwortlichkeit werden ebenso vorgestellt wie Blütenessenzen, um die innere Stärke für Inspiration, Kreativität, spirituelles Bewußtsein und vieles mehr zu erlangen.

Das Buch erschließt Möglichkeiten, den physischen Körper mit den feineren Dynamiken unserer psychologischen und spirituellen Aspekte zu vereinen. Schritt für Schritt präsentiert die Autorin Möglichkeiten, um die geeigneten Blütenessenzen für sich selbst und andere auszuwählen.

Für den esoterisch orientierten Leser eröffnet sich ein inspirierender kosmischer Überblick über das Heilsystem der Blütenessenzen auf unserem Planeten. Ungewöhnliche Informationen über das Reich der Devas (Feen) werden offenbart, die uns zeigen, wie die archetypischen Pflanzenarten kreiert und durch die Devas in die physische Existenz geboren wurden, um das Pflanzenwachstum zu stimulieren.

ISBN 3-927518-27-1

Herbert Thelesklaf / Penny Medeiros

HO'OPILI-Blütenkarten mit der Kraft der ALOHA Tropenblütenessenzen

'HO'OPILI' bedeutet 'in Übereinstimmung sein' oder 'verbunden sein mit'. 'ALOHA' bedeutet 'freudiges Teilen der Lebensenergie in der Gegenwart'. 'MANA' bedeutet 'spirituelle Lebens-Energie'.
Die HO'OPILI- Blütenkarten sind eine Synthese von 'HO'OPILI', 'ALOHA', 'MANA' und den Affirmationen der ALOHA Tropenblütenessenzen. Mit ihrer Unterstützung können sie Ihre momentane Lebenssituation verbessern. Sie sind auch ein Hilfsmittel zur diagnostischen Auswahl der Blütenessenzen.
Das HO'OPILI-Kartenset besteht aus 71 Karten in Luxusqualität 9 x 13 cm (70 HO'OPILI-Blütenkarten, die jeweils eine ALOHA Blütenessenz repräsentieren und zusätzlich die Karte der MANA-Essenz, einer Umweltessenz aus dem Volcano Naturpark von Big Island), mit ausführlicher Anleitung zum Legen der Karten und der Beschreibung der Qualitäten der ALOHA Tropenblütenessenzen.

Die Energien der HO'OPILI- Blütenkarten kommen uns auf vielfältige Weise zugute:
- Zur visuellen Einstimmung vor Veränderungsprozessen
- Zur Meditation und Selbstfindung
- Als Erkenntnisspiel
- Zur Transformation
- Zur Testung mittels verschiedener Verfahren
- Als Weisheitsorakel

ISBN 3-927518-52-2

Herbert Thelesklaf

Blüten heilen Kinderseelen

In unserer modernen, technologisch geprägten Zivilisation, erleben die Kinder vermehrt Traumen, wenn sie in das Erdendasein eintreten, in dem die Natur zunehmend verändert und gestört ist.

Es ist unser aller Aufgabe, Kinder zu unterstützen, unbefangen und voll Selbstvertrauen durchs Leben zu gehen und die Anforderungen ihrer wechselnden Lebensstationen wie Kindheit, Kindergarten, Schule und Berufsausbildung zu bestehen. Es ist wichtig, daß ein starkes Fundament entsteht, worauf sie als Erwachsene bauen und ihr Leben erfolgreich meistern können. Es gibt viele Wege, Kindern zu helfen, ihre inneren Kräfte in der physischen Welt harmonisch zu entwickeln. Eine natürliche Therapie, die auf der 'Mutterprache' der Erde gründet, ist sicherlich eine der sanftesten und angemessensten Möglichkeiten.

Blütenessenzen sind sowohl Bindeglieder zwischen Natur und Mensch wie auch zwischen Seele und Körper. Sie können viele körperliche Beschwerden erleichtern, aber ihre besondere Wirkung erfaßt die feinstofflichen Bereiche des menschlichen Seins, sie wirken über die Seele.

Besonders in der Therapie von Kindern (und des Kindes in jedem von uns) ist es überaus wichtig, die Botschaften der Seele zu verstehen. Kinder sind ja noch sehr offen und aufnahmefähig für subtile Einflüsse; daher ist auch die Wirkung von Blütenessenzen bei Kindern so groß. Viele Therapeuten berichten, daß Kinder auf die passende Essenz sehr positiv und oft in kürzerer Zeit als Erwachsene reagieren.

„Blüten heilen Kinderseelen" richtet sich in erster Linie an die Eltern. Es soll aber auch Therapeuten praktische Hinweise geben, welche Blütenessenzen gerade für Kinder hilfreich sind. Eine Sammlung ausgewählter Fallbeispiele ergänzt das Werk.

ISBN 3-927518-02-6

Ian White

Australische Busch-Blütenessenzen

Aus dem Englischen von Dirk Albrodt

Die heilenden Eigenschaften von Blütenessenzen anzuwenden, ist in vielen Kulturen eine sehr alte Kunst. Blütenessenzen sind sichere, kraftvolle Katalysatoren, die jeder nützen kann. Sie bringen nicht nur Klarheit und bewußtes Denken, sondern entwickeln auch viele intuitive Fähigkeiten. Negative Glaubensmuster können aufgelöst werden, denn die Blütenessenzen setzen unsere positiven Eigenschaften wie Liebe, Mut und Freude frei. Sie beeinflussen uns auf einer Ebene, auf der wir Entscheidungen über unsere Gefühle, über Gesundheit, Vitalität und Beziehungen treffen. Die Familie des Naturheilers Ian White beschäftigt sich bereits seit fünf Generationen mit Pflanzenheilkunde. Auch er selbst hat lebenslang Studien betrieben und diese auf die blühenden Pflanzen des australischen Busches angewandt. Er zeigt uns, daß die Energien und Kräfte in Australien, dem ältesten Kontinent der Erde, sich in den heilenden Eigenschaften der Pflanzen manifestiert haben.

In dem Buch *„Australische Busch-Blütenessenzen"* gibt Ian White einen ebenso informativen wie persönlichen Eindruck über 50 Busch-Blütenessenzen aus ganz Australien, wie auch detaillierte Informationen über deren Herstellung und Gebrauch in allen Bereichen des menschlichen Lebens.

„Australische Busch-Blütenessenzen" ist ein umfangreiches und weitreichendes Werk, das den Leser in die Lage versetzt, durch die bewußte und kompetente Anwendung von Blütenessenzen Gesundheit, seelische Harmonie und Wohlbefinden zu erreichen.

ISBN 3-927518-24-7

Richard Katz/Patricia Kaminski

Blütenessenzen

Repertorium ihrer Wirkungsweisen

Sanfte Therapien nehmen mehr und mehr an Bedeutung zu. Blütenessenzen sind Katalysatoren für die Seele. Sie vermögen durch direkte und ausschließliche Einwirkung auf die Seele von Mensch, Tier und Pflanze, deren physische (körperliche) Leiden zu beeinflussen. Mehrmals am Tag angewendet, können sie unsere inneren Heilkräfte aktivieren.

Die Mitglieder der Flower Essence Society (FES) in Nevada City, USA, sind Therapeuten in aller Welt, die Forschungs- und Lehrprogramme durchführen, welche das Verständnis der Blütenessenzen als Therapie vertiefen.

Das Buch *„Blütenessenzen – Repertorium ihrer Wirkungsweisen"* ist das Ergebnis jahrelanger sorgfältiger Analysen von Fallstudien, klinischer Untersuchungen und von Berichten aus der Praxis. Es ist ein ausführliches Nachschlagewerk, sowohl über die 'Kalifornischen Blüten' als auch die '38 Bach-Blüten' und ist vorzüglich zur sicheren Auswahl der richtigen Blütenessenzen für den Therapeuten, wie auch für den Patienten geeignet.

Teil 1 des Repertoriums in deutscher Sprache gibt einen generellen Überblick. Er ist nach Symptomstichworten geordnet. Jeweils in kurzen Sätzen werden die 'positiven' wie auch die 'negativen' Qualitäten der Blütenessenzen beschrieben.

Teil 2 enthält in alphabetischer Reihenfolge die ausführliche Beschreibung der Wirkungen von ca. 135 Blütenessenzen sowie die Stichworte, unter denen sie in Teil 1 zu finden sind.

Das Buch *„Blütenessenzen – Repertorium ihrer Wirkungsweisen"* ist für den Umgang mit Blütenessenzen im privaten Bereich, wie auch in der Praxis, gleichermaßen gut geeignet.

ISBN 3-927518-16-6

Heiner Kersting

Nuad

Die Traditionelle Thai-Heilmassage

Das theoretische Fundament der Traditionellen Thai-Heilmassage bildet ein Netz von Energiebahnen, die sogenannten zehn Sen. In der Yoga-Philosophie spricht man von 'Prana' (Lebensenergie) das mit der Atmung und der Nahrung über ein Netz feinstofflicher Energielinien (Sen oder Nadis) im Körper verteilt wird. Kommt es zu Blockaden in diesen Kanälen oder fließt zuviel Energie in diesen Sen, so führt dies zum Ungleichgewicht der Körperfunktionen.

Mit einer Vielzahl verschiedener Techniken und besonderen Bewegungsabläufen gibt die Thai-Heilmassage die Möglichkeit, den Energiefluß des Körpers positiv zu beeinflussen. Das heißt, Energiestauungen können abgebaut, Spannungen ausgeglichen und geschwächte Körperpartien aktiviert werden. So wird eine Massagebehandlung dazu beitragen, die in uns wohnenden Kräfte zu harmonisieren und auszugleichen, was sich in einer Steigerung der Lebenskraft ausdrückt.

Zweifellos ist die besondere Technik der Traditionellen Thai-Heilmassage mit keiner bekannten Massageart zu vergleichen. Sie erfordert vom Massierenden ein bestimmtes Maß an Bewegungsfähigkeit und erinnert in ihrer harmonischen Ausführung an vielen Stellen beinahe an einen Tanz. Wie bei einem Tanz können aktive Bewegungen des Masseurs mit den passenden Bewegungen des Massierten zu einem Ganzen verschmelzen. Das bedeutet auch, über die herkömmliche 'zweckorientierte Massage' hinauszugehen und einen Teil der Grenzen zwischen Therapeut und Klienten aufzuheben.

Einfache Basisübungen sind von jedermann leicht nachzuvollziehen. *»Nuad – Die Traditionelle Thai-Heilmassage«* ist ein reich bebilderter Leitfaden dazu.

ISBN 3-927518-18-2

NOSTRADAMUS

Seine Prophezeiungen

Die Urtexte- Neu übersetzt und kommentiert von

Jean-Claude Pfändler

NOSTRADAMUS, der Arzt, Astrologe und Wahrsager des 16. Jahrhunderts verfaßte mit seinen 'Zenturien' einen Bestseller der esoterischen Literatur. Seine Weissagungen beziehen sich auf Europa, den Mittelmeerraum und den Vorderen Orient. Sie reichen weit ins vierte Jahrtausend hinein. Oft genug wurde in bisherigen Publikationen diesem Rahmen nicht Rechnung getragen. So entstand ein wild wucherndes Gestrüpp von Interpretationen und Mißdeutungen, das in der vorliegenden Ausgabe stark zurückgestutzt wird.
Die Übersetzung bemüht sich, so weit wie möglich dem mittelfranzösischen Original zu folgen – 'freie Übersetzungen' sind auf die nötigsten Fälle beschränkt.
Das Ziel des vorliegenden Buches besteht darin, eine verständliche und inhaltlich zutreffende Übersetzung der Prophezeiungen zu liefern, die v.a. als Grundlage für weitere Bearbeitungen dienen kann. Es wendet sich an ein breites Publikum, sowohl an 'Einsteiger', die sich aus erster Hand über dieses bedeutsame prophetische Werk informieren und selbst nachlesen wollen, was Nostradamus gesagt hat und was nicht, als auch an interessierte Kreise, die bereits mit dem Thema vertraut sind.
Wie damals Nostradamus, befinden wir uns auch heute in einer Zeitenwende. Die Neuübersetzung der authentischen Prophezeiungen – mit einer Fülle von Kommentaren – weist uns den Weg über die Jahrtausendschwelle.

ISBN 3-927518-32-8

Dozent Dr. Karl Nowotny

Mediale Schriften

Mitteilungen eines Arztes aus dem Jenseits

Dr. Karl Nowotny war Facharzt für Psychiatrie, Neurologie und Individualpsychologie an der Universitätsklinik in Wien. Zahlreiche wissenschaftliche Arbeiten wurden von ihm veröffentlicht.

Nach seinem physischen Tod meldete er sich über sein Medium Grete Schröder, das seine Durchsagen niederschrieb. Einen besonderen Schwerpunkt bilden seine Ausführungen über das Erkennen der Ursachen psychischer Leiden und ihrer Behandlung.

Seine Botschaften erreichen nicht nur Ärzte und Therapeuten, sie sind für jeden wichtig, der sich in der heutigen Phase des Umbruchs und der Veränderungen mit geistigen Zusammenhängen befassen möchte. Vieles ist irreführend, was in unseren Tagen als ‚höchste Wahrheit von oben' angeboten wird. Dr. Nowotnys einfache, verständliche Sprache aus dem Jenseits hilft dabei, Fehler und Irrtümer zu vermeiden.

Die *„Medialen Schriften"* wenden sich an jeden Menschen. Allen, besonders aber Ärzten und Therapeuten, werden Wege aufgezeigt, wie Menschen ohne zu Medikamenten greifen zu müssen, lernen können, sich von geistigen Störungen zu befreien. Diese sind oft die Folge falscher Auffassung von geistigen Zusammenhängen. Deshalb gelten die Bücher von Dr. Nowotny als Grundlage und Wegweiser in allen Belangen des irdischen Daseins.

Bitte fordern Sie eine ausführliche Inhaltsangabe an.

Gisela Haehnel/Josef Werner

Als Rotkäppchen den Wolf fraß

Probleme lösen durch Konfrontation

Probleme sind grundsätzlich lösbar – auch die scheinbar unlösbaren. Entscheidend für die Problemlösung ist die Betrachtungsweise. Der eine sieht in jeder Gelegenheit eine Schwierigkeit, der andere in jeder Schwierigkeit eine Gelegenheit ... Zwischen diesen beiden Polen liegt die Spannbreite der Möglichkeiten.

Das Leben hält Hürden und Hindernisse für uns bereit. Erfolg und Zufriedenheit oder Mißerfolg und Unzufriedenheit hängen davon ab, wie wir an Hindernisse herantreten. Ob wir das Spiel des *ewigen Verlierers* weiter spielen wollen, oder ob wir zur Abwechslung auch einmal Erfolgserlebnisse auf dem Konto unserer Lebensenergien verbuchen wollen; ob wir weiter den *anderen die Schuld geben* an den sich häufenden Zerwürfnissen in unseren persönlichen Beziehungen, oder ob wir vor unserer eigenen Tür zu kehren beginnen; ob wir immer nur mit zusammengebissenen Zähnen eine Arbeit tun, die uns zuwider ist, ober ob wir nicht doch den Entschluß fassen, uns endlich eine Arbeit zu suchen, die uns wirklich befriedigen würde: immer läßt sich durch das Verändern der Betrachtungsweise bereits der erste Schritt zur Veränderung unserer Probleme tun.

Dieser Schritt wird dem Leser zunächst einmal dadurch erleichtert, daß die Autoren an einer Vielzahl von Beispielen aufzeigen, welches die gedanklichen und emotionalen Fallstricke sind, in denen wir uns so gerne verfangen.

Anschließend befähigen präzise Anleitungen den Leser dazu, seine eigene Fähigkeit zur Problemlösung zu entwickeln und aus dem Elefanten eine Mücke zu machen.

Und es lohnt sich gewiß: es ist ein Chance, endlich von den Belehrungen anderer unabhängig zu werden. Denn die beste Lösung findet jeder in sich selbst!

ISBN 3-927518-26-3

Maruschi Adamah Magyarosy

»Surya Namaskar«

Das andere Fitneß-Rezept

Wie Sie die Energie der Sonne in Ihren Körper holen

Solange es Menschen gibt, sehnten sie sich nach Licht und nach der Wärme der Sonne. Die Sonne symbolisiert das Gesetz des Lebens — Verjüngung, Energie, Lebenskraft.
Die Weisen des alten Indien und anderer früher Kulturen verehrten die Sonne als Lebensspenderin. Am frühen Morgen bei Sonnenaufgang verbeugten sie sich vor ihr, um ihren Dank und ihre Verehrung auszudrükken. Aus den entsprechenden Haltungen und aus der Bewegung in Verbindung mit dem Atem entstand ein kompletter Yoga-Zyklus — *»Surya Namaskar«* — der sich aus zwölf ineinander übergehenden Stellungen aufbaut.
»Surya Namaskar« kräftigt die Organe, stärkt die Muskeln, Bänder und Sehnen, stimuliert das Nervensystem, aktiviert und harmonisiert den Hormonhaushalt. Besonders intensiv ist die Wirkung auf die Wirbelsäule. Ihre wiedergewonnene Elastizität und Belastbarkeit sind bei regelmäßigem Üben bald spürbar.
Den Sonnengruß (*»Surya Namaskar«*) können wir das ganze Leben hindurch bis ins hohe Alter, überall und jederzeit praktizieren. Bewußt als Körpermeditation durchgeführt, schenkt er uns neben den oben erwähnten Wirkungen ein Gefühl von Geborgenheit, von Einssein mit dem Universum. Regelmäßig und mit entsprechender geistiger Einstellung geübt, verbessert der Sonnengruß unser körperlich-seelisch-geistiges Wohlbefinden, verbindet, harmonisiert und aktiviert Körper, Seele und Geist. Wir erleben unseren Körper als Mikrokosmos im Makrokosmos, im Universum.
»Surya Namaskar« — das andere Fitneß-Rezept ist ein praktisches Übungsbuch mit einem großen Poster und vielen Illustrationen.

ISBN 3-927518-17-4

VHS - Video

Maruscha Magyarosy/Frank Lischka

Surya Namaskar

der Sonnengruss

Aus der Verehrung der Sonne heraus entwickelten die Weisen des alten Indien einen Übungszyklus, der uns die Urkraft allen Lebens – die Sonnenenergie – als *Lebenselixier* für Gesundheit und Langlebigkeit nutzbar macht. Heute, in einer Zeit großer Wandlungen und Erneuerungen, haben wir wieder Zugang zu wertvollen Juwelen aus einem jahrtausendealten Geheimwissen. Dessen Veröffentlichung, sowie die Anwendung der dort aufgeführten Praktiken sind besonders für den modernen, steßgeplagten Menschen von großem Nutzen.

„Surya Namaskar – der Sonnengruß“ ist eine spezielle Methode, die Energie und Heilkraft der Sonne gezielt in unseren Körper strömen zu lassen. Das unterstützt uns darin, unsere Zellen zu nähren und aufzuladen, und darüber hinaus Seele und Geist zu erheben.

Der Sonnengruß ist ein einfacher, ganz besonders wirkungsvoller Übungszyklus aus dem Yoga, den jedermann erfolgreich üben kann, von der Kindheit bis ins hohe Alter, überall und jederzeit.

Maruscha Magyarosy, die aus Fernsehauftritten und Buchveröffentlichungen bekannte Yoga-, Körper- und Atemtherapeutin, führt Sie in dieses besondere Geheimnis ein. Sie vermittelt Ihnen, wie Sie mit nur zehn Minuten Aufwand das wunderbare *Lebenselixier* der Sonne täglich neu 'tanken' können – für die Lebendigkeit und Gesundheit Ihres Körpers, für das Gleichgewicht Ihrer Seele, für die Klarheit Ihres Geistes und die Entfaltung Ihres Bewußtseins.

VHS - Video (HiFi-Ton)

ISBN 3-927518-50-6

Leo Linn

Depression - das Tor zur Heilung

Dieses Buch ist für alle gedacht, die nach einem Weg aus ihrer scheinbaren Ausweglosigkeit suchen.
Depression ist eine weit verbreitete Krankheit, und die Fachwelt spricht von ca. 14 Millionen Betroffenen in Deutschland. Die Dunkelziffer ist vermutlich drei Mal so hoch.
Aus eigener Erfahrung kann der Autor neue Wege aufzeigen, nachdem die herkömmlichen Behandlungsmethoden völlig versagt haben. Ein langjähriges Martyrium mit allen Tiefen des Leids konnte durch glückliche Umstände in ein erfülltes Leben gewandelt werden. Anhand vieler Fallbeispiele werden die Wege dazu aufgezeigt.

ISBN 3-927518-35-2

Ian White

62 Australische Bush Blütenessenzen

Kurzfassung des ausführlichen Buches 'Australische Bush Blütenessenzen'.

ISBN 3-927518-30-1

William P. Lambert M.I.P.T.I., M.A.P.N.T.

Die Aura — dein Farbenkleid

Die menschliche Aura kann so faszinierend und wunderschön strahlen, jenseits jeglicher Darstellungsmöglichkeit weltlicher Künstler. Das kommt daher, daß die Aura in ihrer Erscheinung lebendig ist und sich als irisierende Schwingung in regenbogenartig strahlenden Farben entfaltet, die sich bewegen und pulsieren. Die Aura offenbart die Qualität, den Fortschritt und die Entwicklung einer Seele.

Das Buch enthält viele farbige Aurabilder und ist die Geschichte eigener Erfahrungen eines natürlich-sensitiven Menschen, der im Jahr 1983 plötzlich entdeckte, daß er Aurabilder malen konnte. 1985 zeichnete er erstmals mit geschlossenen Augen ein vollständig erkennbares Gesicht in das Aurabild eines Patienten.

Seither malte der Autor mehrere Tausend Auras aus der Inspiration heraus. Diese Bilder entstehen in Verbindung mit spiritueller Psychotherapie, um Probleme aus tieferen Ebenen des Bewußtseins zu klären. Ebenso werden die kosmischen Gesetze berücksichtigt.

William P. Lambert arbeitet seit 1970 als Heiler. 1976 trat er in das College White Lodge (Ausbildungszentrum für Geistheiler in England) ein. 1985 gab er seine damalige berufliche Tätigkeit auf und arbeitet seither als Lehrer für die White Lodge in England, Deutschland und Österreich.

William P. Lambert ist Gründer von „The Triad Center" in Horsham und unterrichtet dort für den West Sussex County Council. Er ist stellvertretender Vorsitzender der Sussex Spiritual Healers Association mit über 600 Mitgliedern.

ISBN 3-927518-14-X

Maruschi Adamah Magyarosy

Vom Ozean zum Gipfel

Teil 1: Unterwegs mit der Sehnsucht
Teil 2: Der Eremit und Ich

Maruschi Adamah Magyarosy beschreibt das Indien hinter dem Indien, gesehen, gehört, wahrgenommen mit anderen Augen, mit anderen Ohren, denn die Seele Indiens läßt sich weder 'touristisch' noch durch 'Guru-Shopping' erfassen. Sie will erlebt und erfühlt sein, mit dem Herzen, mit dem ganzen Wesen, nicht nur mit den Augen. Und das kann nicht in einer zweiwöchigen 'Sight-Seeing-Tour' geschehen.

Über die Begegnung mit herausragenden spirituellen Persönlichkeiten und Lehrern erlebte M. A. M. ihre persönlichen Prozesse, die sie dem interessierten Leser mitteilt.

Besonders berührend ist der zweite Teil, die unmittelbare Begegnung mit dem Eremiten. Er vermittelt ihr in persönlicher Weise das, was sie zeitweise bereits auf ihrer äußeren und inneren 'Pilgerreise' vom Ozean zum Gipfel erlebt hat.

Sie erfährt eine innere Neuwerdung - und sie erlebt, daß Liebe weder an Normen, noch an Konfessionen, noch an Konventionen gebunden ist. Sie kennt kein Gesetz, kein Alter, kein Geschlecht, keine Rasse.

M. A. M. erzählt in der ihr eigenen lebendigen, offenen und manchmal verblüffend ehrlichen Art über jene Menschen und Plätze, die sie aufgesucht hat, sowie über ihre eigenen Erlebnisse, die innere Erkenntnisse und Werdeprozesse auslösten.

Das Buch ist sicherlich ein anregendes Beispiel für jeden, der offen dafür ist, der seinen seelisch-geistigen Durst zu löschen versucht. Es ist gedacht für solche, die gerade 'einsteigen', aber genauso für 'Fortgeschrittene', um sich weitere Inspirationen, Informationen und Bestätigungen zu holen.

ISBN 3-927518-11-5

CD - Reihe
Sich entfalten

Wir leben im Zeitalter des Wertewandels. Materielle Dinge verlieren zunehmend an Bedeutung, und der Anspruch an eine befriedigende Arbeit und an ein erfülltes Privat- und Familienleben steigt. Gleichzeitig wird unser Leben komplexer und hat zur Folge, daß sich der Einzelne immer mehr belastet fühlt. Diese Situation führt einerseits dazu, daß das natürliche Bedürfnis nach Entspannung, Ruhe und Genießen steigt und sich andererseits immer mehr Menschen die Frage stellen, wie sie ihre Fähigkeiten besser nutzen und sich selbst weiterentwickeln können.
Eine persönliche Entwicklung ist langfristig nur dann gewährleistet, wenn dieser Prozeß selbst Spaß macht und motivierend ist. Wir haben uns mit der Reihe *SICH ENTFALTEN* für einen Weg entschieden, der es Ihnen ermöglicht, Ihr Potential harmonisch zu entwickeln und sich gleichzeitig verwöhnen zu lassen und zu genießen.
Die einzelnen CD's sprechen jeweils unterschiedliche Dimensionen unserer Person an und sorgen damit für eine angemessene und ausgeglichene Entwicklung. Durch die von Musik und Worten erzielte Trance werden Gefühle und Blockaden gelöst und Energien harmonisiert. Die Reihe *SICH ENTFALTEN* richtet sich vor allem an diejenigen, die für sich selbst das Bedürfnis und den Anspruch haben, mehr über sich zu erfahren, mehr aus sich zu machen und die mehr Gelassenheit erreichen möchten.

NEUE PERSPEKTIVEN FINDEN
Persönliches Wohlbefinden hängt sehr stark damit zusammen, wie wir in der Lage sein können, unseren Alltag psychisch zu bewältigen. Genauso wie wir durch die Zeit Abstand zu wichtigen Erlebnissen bekommen, ist es durch eine distanzierte Betrachtung der Situation selbst möglich, diese insgesamt realistischer einschätzen zu können.
Diese CD ermöglicht es Ihnen, auf eine sehr angenehme Art und Weise von wichtigen und vielleicht auch bedrohlichen Ereignissen Abstand zu gewinnen um dadurch souveräner agieren zu können. Es ist gleichzeitig möglich, diese Musik und den Text zum Abschalten, zum Entspannen und zur Schöpfung neuer Kraft zu verwenden.
ISBN 3-927518-60-3

DEN KÖRPER FÜHLEN
In den verschiedenen Situationen, in denen wir uns gestreßt und unwohl fühlen, sind wir oftmals auch angespannt. Diese Anspannung ist meist auch die Ursache für unser Unwohlsein.
In einer gedanklichen Reise durch Ihren Körper lernen Sie, Spannungszustände wahrzunehmen und rechtzeitig gegenzusteuern. Darüber hinaus verstärken Sie Ihr inneres Wohlbefinden und werden insgesamt gelassener. Diese CD eignet sich sehr gut zum Einstieg in mentale Techniken.
ISBN 3-927518-61-1

SICH FINDEN

Sich selbst weiterzuentwickeln und mehr über sich selbst zu erfahren, ist wesentlicher Bestandteil von persönlichem und beruflichem Erfolg. Streß, Ärger, Probleme und sonstige Belastungen blockieren uns oft Tage, Wochen oder gar Jahre. Der Grund hierfür ist oft, daß wir keine geeigneten Strategien haben, diese Probleme zu bewältigen und sie uns deshalb in ungeeigneten Situationen belasten. Diese CD gibt Ihnen die Möglichkeit, auf eine sehr angenehme Art und Weise persönliche Erlebnisse genauer zu betrachten. Sie werden dadurch klarer und weniger bedrohlich und sind so besser zu bewältigen. Die fein abgestimmte Kombination von Musik und Text gibt Ihnen darüber hinaus zusätzlich Ruhe und Entspannung.

ISBN 3-927518-62-X

ENERGIEN IN BALANCE BRINGEN

Wir sind oftmals sehr ‚verkopft' oder wir agieren nur aus dem Bauch. Manchmal lassen wir uns von der Stimmung des Herzens leiten. Wenn wir uns auf einem dieser Bereiche zu sehr fixieren, schränken wir unsere Möglichkeiten ein. Oder wir überstrapazieren einzelne Bereiche, belasten vielleicht Kopf oder Herz zu sehr. Die vorliegende Phantasiereise versucht, die verschiedenen Ebenen zu harmonisieren. Sie entspannt und belebt die verschiedenen Zentren unseres Körpers und der Seele. So können Anspannungen aus der Muskulatur und Psyche abfließen und blockierte Regionen wieder vitalisiert werden. Klare Wort- und Ton-Bilder, gemalt aus der heilenden Kraft von Farben und Elementen, führen durch die sieben Energiezentren des Körpers und der Seele.

ISBN 3-927518-63-8

IM EINKLANG SEIN

Beruflicher und persönlicher Erfolg hängen stark mit der Entwicklung unserer Kernpersönlichkeit zusammen. Im Einklang sein heißt, durch eine Bewußtmachung und Verstärkung eigener positiver Anteile, die innere Ruhe und Kraft substanziell zu verbessern. Sie lernen loszulassen und dadurch Ihren persönlichen Kern zu stärken und weiterzuentwickeln. Stärkende positive innere Botschaften (Affirmationen) unterstützen und erhöhen Ihre Kraft und Energie.

ISBN 3-927518-64-6

GELASSEN SEIN

Es gibt immer wieder Situationen, in denen sich unsere Gedanken verselbständigen und eine realistische Einschätzung der Situation ebenso erschweren, wie die Entscheidung für ein angemessenes Verhalten. Dies läßt sich jedoch verändern. Die Voraussetzung hierfür ist das Erkennen der eigenen Streßprogramme und das schrittweise Erlernen von lösungsorientierten Alternativen. Auf dieser CD finden Sie nach einer einführenden Entspannungsmeditation speziell ausgerichtete Kurzentspannungen zur individuellen Streßbewältigung. Die CD ‚GELASSEN SEIN' ist vor allem auf die Langzeitwirkung ausgerichtet und wird Ihnen helfen, langfristig souveränes Verhalten in Streßsituationen zu entwickeln.

ISBN 3-927518-65-4